COLLECTION ILLUSTRÉE

FERD. SARTORIUS, ÉDITEUR

LÉON GOZLAN

LES MARTYRS INCONNUS

AVEC UNE GRAVURE SUR ACIER

PARIS

FERD. SARTORIUS, ÉDITEUR

27, RUE DE SEINE, 27

1866

LES

MARTYRS INCONNUS

PARIS — TYPOGRAPHIE WALDER, RUE BONAPARTE, 44.

LES MARTYRS INCONNUS

LÉON GOZLAN.

LES MARTYRS INCONNUS

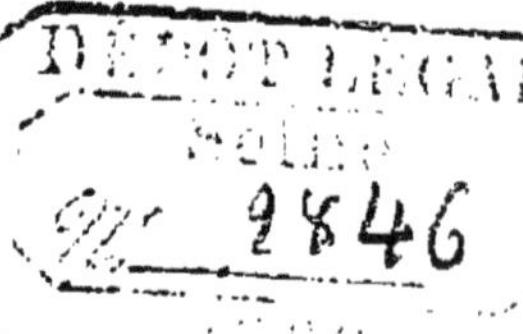

PARIS

FERDINAND SARTORIUS, LIBRAIRE-EDITEUR

27, RUE DE SEINE, 27

1866

LES

MARTYRS INCONNUS

I

Un de ces bons types militaires qui diront un jour à nos petits-neveux, quand ils les verront reproduits par le pinceau ou le crayon, les rudes campagnes d'Afrique, comme le long habit blanc aux larges revers, le lampion planté sur l'oreille et la moustache dardant en pointe vers le ciel, disent aujourd'hui le garde-française de l'ancien régime, un zouave enfin, était arrêté au milieu d'un riche salon de la rue Blanche, et, les yeux tristement fixés sur le cadran d'une antique pendule à gaîne, montait sa montre en soupirant.

— Cinq heures! murmurait-il derrière ses moustaches

noires, qu'il mâchonnait tout en faisant pivoter la clef de sa montre dans l'écrou de l'émail; cinq heures!... Chaque nuit, le capitaine rentre un peu plus tard; bientôt il ne rentrera plus qu'à midi. Quel malheur! ajouta Gabriel, l'ex-zouave, en fermant avec son large pouce le couvercle de verre, et cela aussi peu délicatement qu'il eût abattu le chien de sa carabine Minié; quel malheur! car tous ses plaisirs sans fin ne le rendent pas plus content. Au contraire, il était cent fois plus heureux en Afrique, quoique, là-bas, il ne s'épargnât guère la fatigue non plus; là-bas, c'était la chasse aux lions et aux panthères qui prenait toutes ses nuits; ici, c'est la chasse aux atouts. C'est plus dangereux.

Après avoir replacé sa montre dans le gousset, Gabriel alla écouter attentivement près d'une porte; au bout de quelques secondes, il releva la tête avec satisfaction et passa sa main sur ses moustaches.

— Dieu soit loué! madame est rentrée dans son appartement. Pauvre jeune femme! Elle est trop souvent de garde dans cette caserne dorée; elle n'est allée se coucher que parce que j'ai promis de lui dire demain, à son réveil, si le capitaine a gagné au jeu cette nuit ou s'il a encore perdu; ce qui n'est pas très-difficile à savoir. Perte ou gain, il n'a pas besoin de parler; rien qu'à sa figure... Vraiment, le capitaine... Je pensais pourtant que ce voyage en Belgique qu'il vient de faire l'aurait calmé;

je ne m'en aperçois pas. Voilà à peine trois jours qu'il est revenu, et il a déjà repris son même train de vie.

Ici, Gabriel s'arrêta brusquement comme à un roulement de tambour : sa voix et son esprit se mirent pour ainsi dire au port d'armes.

— Sa voiture, reprit-il d'un ton beaucoup plus bas, entre dans la cour; la portière se referme, il monte l'escalier. Rien qu'à son pas, je devine qu'il est furieux. Il n'aura pas tué le lion.

Gabriel alla se placer près de la porte, où il se fit immobile.

Le capitaine Georges de Blancastel entra précipitamment au salon et jeta à la volée son manteau sur un fauteuil. Il s'assit ensuite près du feu; mais il ne fut pas plutôt assis qu'il quitta sa place, se promena à grands pas et avec une extrême mauvaise humeur. Il broyait le tapis.

— Pourquoi toutes ces fleurs? demanda-t-il à son zouave. Qui fête-t-on ici? Des fleurs! elles arrivent bien. Des fleurs!

— C'est M. de Fabry qui les a envoyées hier au soir à madame.

— M. de Fabry?

Un pli significatif se dessina aux coins de la bouche du capitaine.

— Oui, monsieur...

— Ah! oui, M. de Fabry... J'aurais dû le deviner. C'est bien.

M. de Blancastel alla de nouveau s'asseoir à la cheminée.

Ayant paru un peu plus calme à son valet de chambre, celui-ci lui demanda s'il n'avait plus besoin de ses services.

— Attends, lui répondit-il, attends.

Il alla ensuite au secrétaire, et y prit des billets de banque.

— Gabriel!

— Monsieur le marquis.

— Voici quatre mille francs que tu porteras dans deux heures à cette adresse.

— Oui, monsieur le marquis.

— En voici encore six mille que tu déposeras à cette autre adresse.

En donnant les billets de banque à Gabriel, il lui remit en même temps deux cartes de visite.

— Ce sera fait, monsieur le marquis, dit le zouave, qui ajouta dans sa pensée : C'est le lion qui l'a touché cette nuit.—Mais que vais-je dire à madame?

— Et sois exact, reprit M. de Blancastel; ces sortes de dettes...

— Oui, mon capitaine...

Gabriel se reprit promptement :

— Monsieur le marquis, veux-je dire.

— Appelle-moi capitaine, repartit le marquis de Blancastel; oui, appelle-moi capitaine, cela ne peut éveiller en moi que des souvenirs heureux.

Il y eut, entre le supérieur et le subordonné, un silence que le capitaine des zouaves rompit ainsi le premier :

— Gabriel, voilà huit ans que tu es à mon service.

— Cinq ans en Afrique comme votre maréchal des logis, trois à Paris comme votre valet de chambre.

— Oui, nous avons fait la guerre ensemble. La guerre vaut mieux, Gabriel.

— Elle vaut mieux que quoi, mon capitaine ?

— Que tout ! quoique j'aie eu deux côtes brisées à

Laghouat et que tu aies reçu, en me défendant contre un Kabyle, ce coup de sabre qui a failli te faire sauter le poignet.

— Lequel poignet, ne l'oubliez pas, mon capitaine, dans votre ordre du jour, a fait sauter la tête du Kabyle. Dieu! qu'il était laid sans tête!

Pendant ces dernières paroles du zouave, dont le trait d'esprit final le ravit lui-même si fort, qu'il se mit à le répéter avec bonheur dans ses moustaches, toutes ruisselantes de la joie d'un si beau souvenir, Georges était allé au secrétaire et y avait pris un portefeuille. Il s'avança vers son zouave, qu'il regarda entre les deux yeux comme pour le préparer à la confidence qu'il allait lui faire.

— J'ai un service à te demander, Gabriel.

— Voilà, mon capitaine.

— Dans ce portefeuille, il y a quarante-cinq mille francs en billets de banque.

Prends-le et enferme-le avec soin.

— Moi?

— Puisque je te le dis. Prends-le et enferme-le avec soin. Chaque 1er du mois, tu m'apporteras cinq mille francs.

— Oui, mon capitaine.

— Tu as bien compris ?

— Bien compris.

— Quelque prière, quelque supplication que je te fasse pour que tu me donnes plus de cinq mille francs chaque 1er du mois, ou pour que tu me livres pareille somme avant le terme, ne m'écoute pas, refuse.

— Mais... se disposait à objecter le zouave tout interdit, en recevant le portefeuille, mais...

— Obéis, dit Georges d'un ton où le capitaine débordait le marquis.

— J'obéirai. Soyez tranquille, capitaine; les Kabyles peuvent se présenter, la caisse est fermée. Allons, ajouta mentalement le dépositaire un peu surpris de sa mission, quoiqu'il s'en comprît au fond parfaitement digne; allons, c'est quarante-cinq mille poires que le capitaine se garde pour la soif.

— Et madame? reprit le marquis de Blancastel quand Gabriel eut fermé le dernier bouton de sa veste sur le portefeuille.

— Madame vient de rentrer dans son appartement.

— Elle m'aurait attendu?

— Jusqu'à cinq heures. Sur ma prière, elle a consenti à se retirer.

— Bien en colère, n'est-ce pas?

— Non, mon capitaine, mais fort triste.

Le front du capitaine se rembrunit.

— Elle a pleuré?

— Non, mon capitaine; mais, pour sûr, ce serait arrivé si elle n'avait eu de bonnes nouvelles de son filleul, le petit M. Valentin.

— Ah!

— Oui, mon capitaine; dans la soirée, elle m'a envoyé à Neuilly, chez les Camusot, où vous l'avez mis.

— Et Valentin? poursuivit le capitaine, dont la tristesse s'éclaircit à ce nouveau propos qu'ouvrait adroitement le zouave.

— M. Valentin est un enfant qui en sait long pour son âge, allez!

— Comment ça?

— Il m'a dit tout bas, en s'accrochant à mes moustaches : « Gabriel, vois-tu, le jardinier, sa femme et leur enfant, mon petit camarade, sont tous les trois bêtes comme un chou, un navet et une betterave. » — Est-il gentil! — « Si on me laisse toujours ici avec eux, qu'il a dit ensuite, je deviendrai aussi un légume. »

— Cher enfant!

— Mais oui, il a trouvé ça tout seul.

Heureux de la diversion qu'il avait produite dans l'esprit de son capitaine, Gabriel se disposa à sortir du salon. Mais, après avoir fait quelques pas vers la porte, il revint en dégageant de sa poche une lettre qu'il tendit à M. de Blancastel.

— On a apporté pour vous cette lettre dans la soirée : comme vous n'avez pas dîné ici, je n'ai pas pu...

— Donne...

Gabriel remit la lettre et se retira.

Il était à peine dans l'escalier que le marquis, retombant de tout son poids sur ses pensées, donna un libre cours à la mauvaise humeur qu'il avait apportée chez lui et qu'il n'avait pas quittée avec son manteau.

— Décidément, se dit-il pour soulager sa poitrine de toutes les émotions désagréables d'une nuit accablante, décidément la fortune est acharnée contre moi. Elle y met de la rage. Encore vingt mille francs perdus cette nuit! Depuis six mois, je perds constamment, c'est trop! Je suis fatigué de prêter ainsi le collet au hasard. Je ne jouerai plus ; non, je ne jouerai plus. J'ai bien fait, du reste, de me mettre dans l'impossibilité absolue de toucher désormais, quoi qu'il arrive, à ces quarante-cinq mille francs. C'est à peu près tout ce qui me reste de mon revenu pour finir l'année. Il était temps d'aviser. Jamais je n'aurais osé faire un pareil dépôt entre les mains de Valentine. C'eût été lui dire...

En soupirant, le capitaine Blancastel regarda négligemment la suscription de la lettre qu'il tenait.

— De Bruxelles, dit-il, de Léopold Overmann. Autre sujet de perplexité pour moi. Il y a dans la vie des successions d'ennuis et de déceptions qui s'enroulent autour de vous comme les anneaux d'un serpent, et jusqu'à ce qu'on soit étouffé...

Il décacheta la lettre, et, après l'avoir lue, il la déchira et en jeta les morceaux au feu.

— Eh bien, tant mieux, poursuivit-il en respirant avec force, comme si un grand soulagement suivait en lui une forte oppression, mille fois tant mieux ! C'est une affaire rompue : elle me pesait et me brûlait au cœur comme une mauvaise action. Dans ma conscience, je sais que je l'ai toujours repoussée, je sais fermement que je ne cédais qu'à une aveugle nécessité en acceptant une position qui m'eût tiré tout à coup d'embarras. — N'importe ! je suis content que cette affaire n'ait pas réussi. — Je supporterai ces embarras... je m'en dégagerai autrement... comme je pourrai... D'ailleurs, ma situation n'est pas si désespérée que je doive... Encore une fois et mille fois tant mieux! — Léopold Overmann m'apprend dans cette lettre qu'après avoir fait à sa sœur Hélène une confidence qu'il ne pouvait guère lui épargner, elle avait brusquement suspendu ses résolutions de quitter Bruxelles. Il craint, ajoute-t-il, qu'elle n'ait totalement renoncé à ses projets : — moi, je l'espère. Enfin, me voilà encore tout entier rendu à ma chère Valentine. L'orage aura passé sur sa tête, elle n'aura rien su. Qu'elle ignore toujours!...Quel chagrin pour elle et pour moi si elle eût appris!... Chère et bonne Valentine!

Le capitaine, dans l'explosion de son épanchement solitaire, s'était laissé aller à prononcer tout haut le nom qu'on vient de lire.

— Vous m'appelez? lui dit la voix de la femme à qui ce doux nom appartenait.

— Valentine! Vous étiez donc là?

— Georges, c'est moi; oui, j'étais...

— Je vous croyais retirée dans votre appartement.

— Je vous ai entendu rentrer, mon ami, et je suis vite

accourue : excusez-moi, j'étais un peu inquiète... Vous revenez tard...

— Merci de cet empressement, chère Valentine.

— Il ne vous est rien arrivé?

— Rien... absolument rien.

— Que je suis heureuse!

— J'ai été forcé de passer la nuit au cercle; il y avait beaucoup d'étrangers... Mais nous causerons de cela plus tard. Vous êtes fatiguée : je sais que vous m'avez attendu... Rentrez donc, chère Valentine, prendre quelque repos.

D'un accent plein d'hésitation, Valentine répondit au capitaine :

— J'ai à vous parler.

— Demain, nous aurons bien le temps; remettons donc...

— C'est que nous sommes à demain, mon cher Georges. Voyez, il est grand jour.

— Alors je vous écoute.

Toujours embarrassée dans ce qu'elle avait à dire, Valentine commença pourtant ainsi :

— Pendant que vous dîniez hier au soir chez la duchesse de Briançay, M. Durosoy, votre homme d'affaires, est venu pour vous voir. Il m'a d'abord demandé si vous vous étiez occupé des trente mille francs qu'il vous faudra bientôt payer à M. Burnham, le propriétaire de cet hôtel, pour les trois années de loyer qui lui sont dues.

Cette conversation ne semblait guère du goût du marquis de Blancastel, surtout en un pareil moment, après la nuit orageuse dont il sortait. Valentine venait jeter de l'eau sur un naufragé.

— Mais M. Burnham, répliqua-t-il d'un ton assez aigre, M. Burnham est en Amérique; à son retour en France, on lui payera ses trois années de loyer. Puisqu'il est en Amérique...

— Je sais bien qu'il est en Amérique; mais...

— Pour Dieu! attendons alors qu'il soit revenu; attendons, attendons!

— C'est trente mille francs, mon ami.

— Nous l'avons déjà dit. D'ailleurs, puisque nous sommes sur ce chapitre agréable, il s'en faut de deux ou trois mois que la troisième année soit échue. Attendons, attendons! Laissons donc cela, voulez-vous? — Passons maintenant à un sujet plus présent et plus de mon goût. Chabert et Duportail déjeuneront ce matin avec nous. Depuis trois jours, je suis à Paris et je ne leur ai pas encore serré la main. Ah! nous aurons aussi Fabry, que j'ai rencontré au cercle cette nuit. Donnez donc au chef des ordres en conséquence : un déjeuner léger. Nous irons vers deux heures aux dernières courses de Longchamps, où je serai peut-être plus heureux que je ne l'ai été jusqu'ici.

Comme raffermie par le mauvais accueil même fait à ses premières paroles, Valentine reprit, tout à fait décidée à parler :

— M. Durosoy venait principalement pour vous dire...

— Encore M. Durosoy!... encore!...

— Il venait pour vous dire que votre situation n'était pas bonne.

L'impatience de Georges se démasqua.

— Si elle n'est pas bonne, qu'il l'améliore! — C'est son affaire!

— Georges, en vérité...

— Ah! je suis contrarié, agacé jusqu'aux dernières fibres... Me parler d'affaires en ce moment...

— C'est qu'il y aura bientôt, dit-il, des jugements pris contre vous.

— Qu'il obtienne de nouveaux délais !

— Vous les avez tous épuisés, prétend M. Durosoy.

— Tous?

— Tous. Il faut que vous ayez trouvé avant deux mois six cent mille francs.

— Six cent mille francs ! Eh bien, qu'on les prenne sur ma terre de Valnef, en Anjou.

— J'y ai pensé; mais votre homme d'affaires m'a répondu qu'elle était hypothéquée pour les deux tiers de sa valeur, et qu'on ne trouverait pas à emprunter vingt mille francs sur l'autre tiers.

— Quelle persécution ! s'écria le marquis en allongeant ses jambes dans le foyer et en bouleversant les derniers débris du feu de la nuit, quelle persécution !

— Mon ami, si vous ne voulez pas que je continue...

— Maintenant que la blessure est ouverte...

— Du reste, M. Durosoy a ajouté...

— Ce M. Durosoy !... Enfin, qu'a-t-il ajouté?

— Qu'il lui était tout à fait impossible de demeurer plus longtemps chargé de vos affaires, si vous persistiez à ne pas lui envoyer les pièces judiciaires qui vous sont adressées par vos créanciers.

Georges se leva et frappa de ses deux poings fermés sur le marbre de la cheminée, qu'il faillit desceller.

— Mais ces pièces honteuses...

— Vous savez, mon cher Georges, que vous avez ordonné au concierge de l'hôtel de brûler toutes celles qui lui seraient remises, ne voulant pas, avez-vous dit, que votre porte fût souillée par ces sortes de communications.

Toujours sous la même impression de fierté et sans desserrer les poings, Georges dit à Valentine, décidée à poursuivre jusqu'au bout une confidence devenue indispensable et trop longtemps, peut-être, retardée :

— Et je persiste dans ma défense !

— Cependant la raison que donne M. Durosoy me semble...

— Allez donc faire savoir aux autres locataires de l'hôtel, qui peuvent en passant jeter les yeux sur ces infâmes papiers timbrés, qu'on a des procès, qu'on a des dettes... qu'on a... Jamais de ces choses-là chez moi !

— Voyant pourtant l'embarras où était M. Durosoy, j'ai cru devoir lui dire que je vous savais en portefeuille quatre cent mille francs d'actions de chemins de fer.

« Mais nous sommes sauvés ! » s'est alors écrié M. Durosoy.

— Sauvés !... sauvés !... j'ai cédé quelques-unes de ces actions, j'en ai donné d'autres en payement ; il ne m'en reste presque plus.

L'aveu consterna Valentine, qui avait cru tenir jusque-là dans l'ombre une ancre de salut ; les quatre cent mille francs d'actions n'existaient plus ; l'abîme des dettes les avait attirées et englouties comme tant d'autres ressources.

— Alors, mon ami, reprit-elle avec découragement, alors il faudra que vous cherchiez à emprunter sur votre terre patrimoniale de Blancastel sept ou huit cent mille francs, et, puisqu'elle vaut un million...

L'emportement du capitaine de zouaves, un instant apaisé par le charme conciliant de la voix si nette et si douce de Valentine, se ralluma, et, cette fois, on sentait qu'il était entré en plein, malgré sa turbulence obstinée, dans le cœur de sa position. Le vrai de cette situation ne le taquinait plus, mais il l'étranglait.

— Blancastel ! répéta-t-il à plusieurs reprises, Blancastel ! Je ne veux pas qu'on touche à une seule pierre de Blancastel, le manoir de mes aïeux, le berceau de ma race. Emprunter sur Blancastel, cette propriété qui m'est sacrée ! Je ne rougirais pas davantage s'il me fallait envoyer au mont-de-piété l'épée et la croix de mon père. Mais, pour que j'en sois réduit à entendre parler de cette nécessité, il faut que ma fortune soit dans une situation bien déplorable, Valentine, bien déplorable !

Valentine se tut.

Georges de Blancastel ne recommença pas sa question, et, sans attendre la réponse facile à deviner que lui aurait faite Valentine, il continua d'une voix élevée, mais coupée par des affaiblissements nerveux, à dire :

— Et vous avez attendu jusqu'ici pour m'instruire de cette situation ! mais, si vous ne me parlez pas de mes affaires, si vous ne vous en occupez pas, qui donc ici s'en occupera ? Ah ! votre négligence... votre indifférence... pour mes intérêts...

Cette accusation si directe alla frapper au cœur de Valentine.

— Mon indifférence pour vos intérêts ! Mais vous me grondiez il n'y a qu'un instant parce que je vous en parlais ; vous me blâmez maintenant parce que vous prétendez que je ne vous en parle pas. Ah ! Georges, vous n'êtes pas juste, vous n'êtes plus le même ; votre caractère aigri devient partial, méchant.

L'émotion d'un reproche qu'elle adressait pour la première fois à Georges de Blancastel comprima la fin de la phrase de Valentine ; les larmes n'étaient pas encore aux yeux, mais elles se détachaient du cœur et attendrissaient déjà sa voix.

— Voyons, pardon, Valentine, pardon! j'ai tort, c'est ma faute ; vous avez mille fois raison. Ah! que ne vous ai-je écoutée! Endormi dans le calme, je m'éveille dans la tempête.

La main de Valentine chercha celle de Georges toute frémissante sur le bord du fauteuil.

— Je cours à un naufrage.

— Georges!

— J'ai réalisé tous les héritages qui me revenaient ; les emprunts usuraires sont épuisés. Ah! s'il était vrai que je fusse aussi près de ma ruine que vous me le faites craindre!... — Heureusement, cela n'est pas, cela ne peut pas être. — Que me reste-t-il donc? — Les appels à l'amitié ; ceci représente mille écus et beaucoup de honte. La meilleure ressource, en pareil cas, c'est d'aller tout simplement chez Devismes, au coin du boulevard. Celui-là vous tire toujours d'affaire.

Valentine demanda naïvement :

— M. Devismes, est-ce un banquier?

— Non, ma chère Valentine, c'est...

— Qu'est-ce donc que ce M. Devismes?

— C'est un armurier.

— Un armurier!... Ah! Georges! Georges!... vous ne m'aimez donc plus, dit Valentine en jetant ses bras autour du marquis de Blancastel, que vous avez une pareille pensée? Otez-la de votre esprit, ne l'exprimez jamais, ou je vous dirai, Georges, ce que je viens de vous dire, que vous ne m'aimez plus.

— Je vous aime plus que jamais, Valentine, et c'est cet amour qui me sauvera.

Un bon et divin sourire courut sur la figure déjà toute pâle et tout effrayée de Valentine.

— Oui, c'est cet amour qui me sauvera. J'ai mal vécu jusqu'ici, ou plutôt je n'ai pas vécu, j'ai brûlé. Sauf cinq belles années données à la guerre, j'ai perdu mon temps, mes revenus, mon intelligence... à quoi? —Je n'en sais rien ; et, faut-il vous l'avouer? ces goûts du monde, d'oisiveté, de bruit, de luxe, de plaisir, que j'estime ce qu'ils valent, sont plus forts, plus impérieux que ma volonté.

— Je ne le sais que trop, pensa Valentine.

— Non, la mienne toute seule ne suffit pas pour me

dompter. Mais maintenant, Valentine, que vous allez y joindre la vôtre, je me vaincrai; oh! oui, je me vaincrai.

— Il est bien tard, pensa encore Valentine, qui ajouta, penchée sur l'épaule de Blancastel : bien souvent j'ai essayé de vous la faire entendre, cette volonté...

— Et je ne l'ai pas écoutée, c'est vrai ; mais vous n'aviez que l'autorité de votre bon cœur pour me l'imposer. Désormais... dans quelques jours, vous allez y joindre un droit, un droit bien fort, incontestable, sacré, dont vous userez, dont je veux que vous usiez, Valentine.

Les regards dignes et charmants de Valentine se croisant avec ceux de Blancastel, ne repoussaient pas cette soumission de celui qui la faisait si franchement, mais ils ne paraissaient pas tout à fait y croire. Le passé, dans ses archives, contenait beaucoup de ces redditions suivies de fort près par des révoltes. Cependant la nouvelle garantie offerte cette fois par le bouillant capitaine des zouaves présentait quelque vraisemblance, vraisemblance qu'il raffermit lui-même par ces paroles ajoutées aux paroles qu'il venait de dire :

— Vous savez, Valentine, que, sans mon voyage récent en Belgique, ce voyage dont vous avez peut-être oublié le motif...

Ici, Georges de Blancastel ouvrait peut-être imprudemment un chapitre délicat. A la vérité, il ne pouvait guère — ainsi qu'on le démontrera plus tard — se dispenser de l'ouvrir; mais il n'allait pas moins s'exposer beaucoup en y touchant dans un moment où il n'avait pas tout le calme nécessaire à la dissimulation, ou, si l'on aime mieux, à la discrétion.

— Vous ne m'avez jamais complétement dit le motif de ce voyage en Belgique, mon cher Georges, jamais.

Georges de Blancastel sourit doucement; mais derrière le pâle rayonnement de ce sourire se lisait l'embarras d'une pensée peu disposée à se produire.

Il reprit :

— C'est que l'on me l'a caché aussi un peu à moi-même.

— Comment cela? dit Valentine, qui se demandait si enfin elle allait savoir le motif de ce mystérieux voyage en Belgique.

— On me ménageait une surprise là-bas.

— Oh! alors, si c'était une surprise, vous pouviez tout au plus prévoir...

— Je n'avais même rien à prévoir, rien ne m'était un motif de deviner...

— Enfin, c'était une surprise.

— Oui, ma chère Valentine. On m'avait fait venir pour une grande partie de chasse dans la forêt de M. Overmann, à Bois-le-Duc. Eh bien, sans ce voyage, nous serions déjà mariés; mais ma famille a eu autrefois des rapports fort intimes avec les Overmann.

— Les Overmann?... Attendez... il me semble...

— Oui... vous savez... Valentine... des banquiers.

— C'est cela, les plus riches banquiers de la Belgique.

— On le dit. Le chef de cette grande maison de banque a rendu autrefois d'importants services à mon père. Léopold, son fils aîné, a été mon camarade à Saumur avec Chabert et Fabry.

Valentine, interrompant de Blancastel, lui dit avec une impétuosité dont elle parut la première étonnée :

— Ah! M. de Fabry est connu de M. Overmann?

— Beaucoup. Pourquoi me demandez-vous?...

— Pour rien.

— Vous paraissez étonnée d'une intimité...

— Je ne suis pas du tout surprise... Seulement, j'ignorais...

— Oui, ils se connaissent beaucoup. Je ne sais trop comment Léopold Overmann est allé se souvenir que je m'entendais quelque peu à organiser des équipages de chasse. Quoi qu'il en soit, Léopold a désiré avoir les conseils de mon expérience. Cela a pris un mois, un grand mois, et ce mois passé loin de vous a complétement dérangé nos projets... Mais, grâce au ciel, me voici revenu. Nous allons achever, chère et bonne Valentine, ce que nous avions si bien commencé. Mon bonheur est là

— Notre bonheur, vous voulez dire.

— Notre bonheur, chère Valentine.

Tous les petits nuages bleus, gris et même un peu noirs qui avaient traversé la conversation intime de nos deux personnages s'évanouirent au souffle des dernières paroles prononcées avec une loyale et pure conviction par Georges de Blancastel. Le visage mélancolique de Valentine s'était épanoui; la fatigue d'une nuit d'attente et d'insomnie n'y laissa plus voir aucune trace.

— Dans trois semaines, reprit de Blancastel, nos bans, qui ont eu déjà deux publications, seront terminés; dans trois semaines...

Valentine et celui qu'elle écoutait parler maintenant avec tant de ravissement éprouvèrent au fond de leur âme un sentiment de joie intérieure si parfaitement semblable, que ni elle ni lui n'osèrent, pendant quelques secondes, élever la voix, de peur de briser une espérance dont ils connaissaient l'un et l'autre la fragilité. Tant de fois ils avaient été sur le point d'unir légalement leur existence, et tant de fois des obstacles de famille, venus particulièrement de celle de Georges, avaient éloigné ce moment, qu'ils ne croyaient qu'en tremblant à une réalisation enfin accomplie. Le bonheur, comme la religion, a ses sceptiques et ses athées, et ceux-là ne méritent ni l'anathème ni le feu, car le bonheur n'a pas encore eu sa révélation bien claire et bien visible sur cette terre, qui est peut-être destinée à ne pas le connaître. Et qui sait, qui assure que, s'il y descendait jamais, il ne se rencontrerait pas des gens pour le conduire sur une autre montagne des Oliviers et le crucifier au coucher du soleil?

— Ah! cette bonne pensée, reprit de Blancastel, me calme; elle me fait du moins oublier les contrariétés, les chagrins, les pertes d'argent, les dettes, les procès... Tantôt, je suis rentré le sang calciné par une nuit de fatigue; eh bien, depuis que je vous parle, je suis tout à fait remis, j'éprouve une sérénité d'esprit complète, une joie franche, qui me rafraîchit comme un bain au milieu d'une pesante journée d'été.

— Et que dirai-je, moi, alors, mon ami? reprit Valentine; que me laisserez-vous à dire? Mais vous m'avez prévenue, mon cher Georges, que vos amis doivent venir déjeuner.

— Vous me les aviez fait oublier. — Un simple déjeuner ici, au coin du feu.

— L'heure approche. Quelques ordres à donner; je vous quitte, mon ami.

Georges retint doucement Valentine.

— Vous n'êtes pas raisonnable; rien ne sera prêt pour l'heure que vous avez indiquée à vos amis.

— Rien qu'un instant encore. Puisque nous avons parlé de mon voyage en Belgique, je tiens à vous prouver que je n'ai pas pensé qu'à la chasse loin de vous.

Georges de Blancastel se leva, alla ouvrir le tiroir d'un meuble en bois de rose placé près de la croisée, et il en sortit un cachemire d'une mollesse de tissu et d'un blanc mélancolique à troubler le calme et le stoïcisme de la femme la plus blasée sur les merveilles de l'Inde.

La femme éclata dans Valentine à la vue du châle blanc que lui posa sur les genoux le marquis de Blancastel; les larmes de la reconnaissance, de l'orgueil, du plaisir, du bonheur, mouillèrent ses paupières. Et puis les femmes ont cet indiscutable instinct qui leur dit si le cadeau qu'on leur fait a été choisi par le cœur; il y a là un magnétisme qu'aucune d'elles, grande dame ou paysanne, ne contestera. Elles devinent si vous regrettez votre argent ou si vous avez concentré votre félicité généreuse sur l'objet que vous leur offrez. Ce n'est pas du prix qu'elles sont charmées, c'est du regard qui a parcouru l'offrande et l'a aimantée. L'amour fait d'un chiffon une relique.

— Quel beau cachemire, mon ami! murmurait Valentine sans se lasser d'admirer.

— Vous le mettrez, chère amie, le jour de notre mariage; c'est le plus beau que j'aie trouvé dans les entrepôts hollandais de la compagnie des Indes à Anvers; je l'ai admiré, et je me suis dit : « C'est Valentine qui l'aura. »

— Mais c'est un cadeau magnifique, royal!

— Il vous plaît, cela me suffit.

— S'il me plaît! — Eh bien! le croiriez-vous, Georges? j'ai un cadeau plus précieux encore à vous faire.

— Vous?

— Moi-même, qui ai aussi pensé à vous.

Valentine sortit un médaillon qu'elle tenait caché dans son corsage.

— Tenez, dit-elle au marquis en lui remettant le portrait enfermé dans le cercle d'or du médaillon.

Après avoir examiné affectueusement la miniature :

— Dieu! quelle ressemblance! dit Blancastel.

— Avec toi, n'est-ce pas, Georges?

— Avec toi aussi, Valentine.

— Georges!

— Valentine!

— Adieu, Georges, dit Valentine en s'enfuyant sous ses larmes et emportant le châle blanc, j'emporte mon cadeau.

— Et moi, je garde le mien, Valentine, il ne me quittera plus.

Le capitaine, resté seul pendant que Valentine allait donner ses soins aux préparatifs du déjeuner, auquel assisteraient Chabert, Duportail et Fabry, se dit avec une anxiété d'esprit qu'elle n'était plus là pour modérer :

— Oui, voilà mon vrai, mon seul bonheur, ma joie la plus réelle. Je crois voir son charmant visage dans ce portrait si admirablement peint par elle. Pourquoi, continua-t-il, en descendant la pente de ses idées, pourquoi Valentine a-t-elle paru ressentir une si vive contrariété quand le nom de Fabry est venu se mêler au récit de mon voyage à Bruxelles? Se douterait-elle?... C'est impossible! de toute impossibilité! Fabry lui-même, Fabry si pénétrant, ne soupçonne pas, derrière le motif apparent qui m'a appelé à Bruxelles, le motif réel qu'avaient ceux qui m'y ont attiré. Valentine partage plutôt mes faibles sympathies pour celui qu'elle croit comme tant d'autres mon meilleur ami, parce qu'elle nous a toujours vus ensemble. Singuliers amis, ceux parmi lesquels il faut ranger Fabry ; on ne sait pas toujours s'ils vous aiment, et l'on sait fort souvent qu'ils vous détestent. De leur côté, ils ne doutent pas du sentiment qu'ils vous inspirent; c'est un attachement répulsif qui ne s'altère jamais. J'ai connu Fabry au collége, et Fabry m'enlevait déjà tous les premiers prix sans y avoir plus de droits qu'à Saumur, où je le rencontre encore avec ses mêmes instincts de rivalité froide, contenue et toujours triomphante. Au sortir de l'école, on m'envoie en Algérie; en Algérie, je trouve Fabry capitaine comme moi dans le même régiment. Je donne plus tard ma démission et je viens à Paris; il m'y avait devancé. Comment ne nous croirait-on pas inséparables? Nous le sommes, en effet, mais comme la chaîne est inséparable du galérien : je suis le galérien de cette amitié. J'aimerais mieux dix ennemis que lui ; avec un ennemi, on s'explique, on se bat, on se tue; avec lui, je vais jusqu'à la poignée, jamais jusqu'à la lame. Dans l'état sauvage, nous nous serions dévorés au coin d'un bois; dans notre monde civilisé, où les bois sont remplacés par des appartements tendus de velours, où toutes les antipathies sont apprivoisées, je ne puis qu'aiguiser mes gants blancs et lui serrer cordialement la main, quand je voudrais la lui broyer. La société est pleine de ces amis implacables.

3.

J'ai le mien dans Fabry; ma dernière et suprême crainte est qu'on ne nous mette un jour dans la même tombe et qu'on ne grave dessus : « Unis dans la vie, ils le sont dans la mort. » Et les honnêtes passants s'attendriront ! Mon ami m'a gagné, le mois dernier, au jeu, douze mille francs, et cette nuit, dix mille : total, vingt-deux mille francs d'amitié ; mon Pylade est ruineux.

Au milieu de ses réflexions, Georges de Blancastel fut éveillé par la voix du valet de chambre annonçant :

— M. de Chabert et M. Duportail.

Les trois amis s'embrassèrent, heureux tous les trois de passer quelques bonnes heures ensemble, après avoir été séparés plus d'un mois.

— Enfin ! dit le colonel Chabert de sa voix de grande revue, qu'il eût difficilement adoucie au ton de la conversation parlée ; enfin, te voilà de retour de ta fameuse chasse !

— Oui, mes amis, et, pour preuve, vous mangerez à déjeuner des chevreuils et des sangliers que j'ai tués à votre intention.

— Très-bien ! j'en rends grâce au grand saint Hubert; mais avant de nous mettre à table, nous te prions de nous dire, Duportail et moi, puisque nous sommes seuls, si tu comptes toujours sur nous pour assister comme témoins à ton mariage.

— Sans doute !

— Je te dirai alors que voilà sept mois que tu nous tiens suspendus sur le cadran de la mairie, et que, dans cinq mois au plus tard, il faut que nous soyons rendus, moi à mon régiment, Duportail à son consulat d'Amérique.

— Chabert a raison, dit à son tour Duportail. Je n'aurais pas osé te parler le premier de cette affaire... c'est chose personnelle... délicate... très-délicate... mais puisque Chabert...

Chabert, donnant un coup de cravache à toutes ces phrases lymphatiques, dit, le verbe haut et le nez au vent, comme il faisait toujours du reste, car il eût plutôt avalé un boulet que de le mâcher :

— Il n'y a pas de choses délicates, diplomate nébuleux, sinueux et tortueux; il n'y en a que de vraies et de fausses.

— A l'armée peut-être, et encore !

— Partout ! tu as beau siffloter, Machiavel.

— Je ne sifflote pas, colonel.

— Dans quelques jours, reprit Georges, mademoiselle Valentine Bernard sera ma femme.

Chabert prit la main de Georges, et, regardant de travers Duportail, il lui dit :

— Voilà ce qui est juste et vrai, homme délicat.

Duportail répondit par un léger haussement d'épaules au colonel, et par ces mots à son ami Blancastel :

— Je te félicite de ce mariage...Tu as dû consulter tes intérêts.

— Il a consulté son cœur! dit la bombe qui avait nom Chabert.

— Et je compte toujours sur vous deux pour être mes témoins.

— Je témoignerai, Georges, répondit Chabert, que tu es un galant homme qui fait ce qu'il dit et qui dit ce qu'il fait. Maintenant, vite les carrosses, les rubans, les bouquets...

— Oui, répéta Duportail (et l'on ne savait pas au juste si c'était de la conviction ou de l'ironie) ; oui, vite les bouquets, les rubans et les carrosses... Il est d'autant plus urgent que ce mariage se fasse vite, qu'il circule déjà des bruits...

— Des bruits?

La figure de Georges se rembrunit.

— Rien... Georges...

— Mais encore?...

— Non; tu sais, on parle toujours... le monde...

— Le monde?... Mais le monde...

— Oui, le monde... Paris... c'est un grand village...

— Encore une fois, Duportail, dis-moi...

— Ah! oui, dit Chabert, ah! oui, si tu crois qu'il va te le dire! Il t'apportera d'abord une note de son ambassadeur, puis une contre-note, puis un mémorandum, puis un conclusum, puis un ultimatum, puis un ultimatissimum. Georges, voilà ce qu'il y a : on a dit que ta fortune est dérangée, et l'on a raison; que, par conséquent, tu ne peux pas épouser une personne qui ne t'apporte en dot aucune dot; et l'on a tort...

Duportail murmura à demi-voix :

— Tort...

La moustache de Chabert tourna ses ardillons du côté de Duportail, qui, sans s'émouvoir le moins du monde, répéta sur un mode mineur des plus variés :

— Tort... tort... tort...

— Oui, tort, dit énergiquement Chabert, mille fois tort. Moi, baron de Chabert, descendant de dix-sept Chabert, tous plus braves les uns que les autres, et dont j'ai les dix-sept portraits chez moi, tous plus laids les uns que les autres, si j'avais promis à ma blanchisseuse de l'épouser, j'épouserais ma blanchisseuse. Pardon pour la comparaison, mais tu me comprends, mon cher Georges.

— Je suis aussi de cet avis, balbutia Duportail.

— Eh bien, alors?...

— Seulement...

— Ah! voici un *seulement* qui vient en parlementaire. Seulement?... demanda Chabert.

— Je ne te le dirai pas.

— Eh bien, moi, je te le dirai, Metternich des Metternichs; tu voudrais bien épouser la blanchisseuse, seulement si elle avait quatre cent mille livres de rente. Seulement!

— Ce n'est pas cela, Chabert, ce n'est pas du tout cela!

— Qu'est-ce donc?

— Je voudrais tout simplement qu'on ne promît pas de l'épouser : cela dispenserait plus tard...

Le domestique arrêta la phrase finale de Duportail, en annonçant :

— M. de Fabry !

On a vu, par le caractère des deux premiers personnages intervenus au second plan dans l'action, qu'ils tranchaient l'un sur l'autre, comme une épée sur une plume. Chabert, l'épée, homme de quarante-cinq ans environ, était un de ces bons types militaires forgés et bronzés par le soleil de l'Algérie, où il avait toujours résidé depuis la conquête, à deux ou trois courtes absences près, et encore ces absences n'avaient-elles eu lieu que depuis peu d'années. Il n'appartenait guère plus à la France que par le souvenir et par le cœur. Le climat de l'Afrique, la vie nomade, la vie en plein air, en pleine chaleur, en le fortifiant, l'avaient corrodé et finement tanné comme un Bédouin. Ses épais sourcils, qui étaient restés noirs, mais ses moustaches qui avaient grisonné, sa mouche qui n'avait pas blanchi du tout, mais ses cheveux parfaitement argentés aux tempes, bariolaient son visage de teintes qui relevaient de l'histoire naturelle du tigre, et, grâce à ses yeux d'une vivacité fébrile, la comparaison n'avait rien de hasardé. Son cou était de fer, ses épaules libres portaient admirablement sa tête carrée, coiffée en brosse, distinguée du reste au possible, quoique laide comme celle de tous les Chabert, dont il venait d'avoir soin lui-même de rayer la beauté de leur généalogie.

Grand, mais sans excès, il marchait avec noblesse, quoique l'habitude du cheval eût forcé en lui le compas un peu au delà de son ouverture normale. Il rappelait ces braves enfants de la noblesse française qui suivirent autrefois Philippe-Auguste et saint Louis en Palestine, et qui y étaient demeurés si longtemps, qu'au retour ils avaient du mal à comprendre leurs vassaux et à s'en faire entendre. Chabert parlait l'arabe et tous les dialectes de l'Algérie avec plus de facilité qu'il ne parlait maintenant le français. La réflexion mélancolique des Orientaux, fille de la méditation indienne, la plus longue de toutes, les accès de silence, les attitudes accroupies sur les nattes, la sobriété exaltée jusqu'au jeûne, l'usage de la pipe de cerisier ou de jasmin poussé jusqu'au vertige, la rêverie jaune d'or de l'opium, cultivée et raffinée comme la suprême volonté des sens, enfin le mahométisme moins Mahomet, s'était introduit tout entier, austérité, tabac, opium, accablements et soubresauts qui les suivent, fatalisme, dans les veines du solide et féal colonel : le tout couronné par des principes de morale et d'honnêteté épurés de race en race jusqu'à lui, leur dernier et bien digne descendant.

Quant à Duportail, le dessin et la couleur chez lui n'étaient pas les mêmes. D'abord très-fin de visage, très-délié de corps, il avait gagné dans le canonicat et les dîners des ambassades un embonpoint inévitable à ceux de sa condition, voués aux banquets officiels. A vingt ans, il avait le teint terne et blanc, les cheveux d'un noir méridional, la bouche fraîche et presque rose comme celle d'une jeune fille, des dents vives éclairant ses paroles au passage, un nez d'une charmante délicatesse de dessin, quoiqu'un peu large à la base, des yeux d'une soyeuse expression, mais bien près d'être moqueurs quand on se donnait la maladroite supériorité de vouloir avoir raison contre lui par la violence. Sa taille répondait à la distinction de ses traits, pris dans la galerie du grand monde par sa mère, pris dans la généalogie des Duportail-Carini par son père, d'origine italienne et, par conséquent, politique et subtile; elle dépassait le niveau banal des hauteurs moyennes, et ici, comme dans les lignes et le caractère de son visage, le père avait donné l'équilibre parfait de la force, la mère celui de la grâce, qui se révélait en lui par ses pieds petits et voûtés, une cheville de cavalier arabe, des genoux secs emboîtant bien la cuisse et la jambe, des hanches fines, trop fines pour résister au développement fatal de l'embonpoint de la poitrine à l'heure où l'homme engraisse au courant de l'âge. L'âge malheureusement travaillait déjà, quoiqu'à petits coups, à cette déformation presque infaillible, et, comme nous l'avons indiqué, les oisivetés d'attaché d'ambassade, non payé, puis payé, les résidences prolongées de sous-secrétaire, puis de secrétaire, dans quelque bonne capitale bien nourrie, achevaient l'œuvre.

Ainsi Duportail, toujours élégant cavalier à trente-quatre ans, toujours frais, mais bien moins rose, toujours excellemment mis, toujours soigneux en tout dans le monde, était déjà fort loin du Duportail de quatorze ans en arrière, qui dînait au Café de Paris et obtenait un congé pour venir, chaque carnaval, à l'Opéra, où il venait même sans congé, au risque de se faire remercier par son ministre, si son ministre eût osé toucher à cette vieille famille de consuls, de ministres plénipotentiaires et d'ambassadeurs depuis Louis XII et la prise de Gênes par les Français. Duportail avait contracté un triste mariage à vingt-huit ans, avec une Anglaise qu'il croyait devoir l'enrichir; elle l'avait enrichi, c'est vrai, mais c'était tout : elle ne l'avait pas rendu heureux. Ils s'étaient séparés, ils avaient plaidé, ils s'étaient remis, puis encore séparés; au bout du compte, la grande fortune de la femme et le grand nom du mari n'avaient produit que des procès, des dépenses énormes causées par ces procès, du scandale à inquiéter par moments Duportail sur son avenir. Aussi, pour avoir l'esprit tranquille, il suppliait toujours le ministre des affaires étrangères de l'envoyer dans les cours les plus éloignées; mais y en a-t-il d'assez éloignées pour que n'y parvienne par le bruit du dommage porté à la réputation d'un galant homme par une femme légère? Les malheurs conjugaux de Duportail l'avaient peu à peu enseveli dans un scepticisme du fond duquel il regardait passer la vie, la jugeant froidement, la méprisant sans le dire, n'ayant de respect que pour les surfaces, parce qu'elles sont des miroirs qui vous font roses ou jaunes, selon qu'on sait choisir son verre. Il importe donc de le bien choisir, pour qu'en s'y réfléchissant on paraisse le moins laid possible. Duportail en était à ce point de l'existence au moment où son ami Georges de Blancastel allait donner son nom à mademoiselle Valentine Bernard.

Dès que Fabry fut entré, les domestiques apportèrent une table où le déjeuner était servi.

— En vérité, dit Fabry en échangeant des poignées de main avec Chabert, Blancastel et Duportail, il faut vivre dans ces temps de paix universelle pour voir l'homme qui a gagné dans la nuit dix mille francs à son adversaire venir déjeuner chez lui.

— Où il est sûr, dit Georges, d'être reçu avec la cordialité de la veille.

Fabry, après avoir serré de nouveau et bien affectueusement la main de Georges, lui répliqua :

— Merci, cher Georges, merci ! — Vais-je enfin savoir, pensa-t-il, et il ne pensait qu'à cela, comment s'est terminée l'affaire de Belgique?

— Savez-vous, intervint Chabert, ce qui n'est pas moins édifiant que ce que vous dites là? C'est de voir deux hommes vivre ainsi que vous le faites depuis le berceau, pour ainsi dire, dans une intimité qui n'a jamais été ni obscurcie ni diminuée.

— Voilà, en effet, ce que tout le monde dit avec étonnement, acheva Georges.

— C'est que vous valez mieux, termina à son tour Chabert, que tout le monde qui s'en étonne.

— Monsieur est servi, interrompit le domestique.

En cherchant une place autour de la table, Fabry, toujours suspendu à ses doutes, se disait, le regard imperceptiblement attaché sur Blancastel :

— Rien sur son visage qui me dise... Que je donnerais pour savoir!... mais je ne tarderai pas à savoir.

Il ne se trompait pas.

— Vous excuserez Valentine, dit Georges à ses amis, elle ne déjeune pas avec nous. Elle est retenue chez elle par les doreurs, par les tapissiers, par les peintres occupés à décorer son salon et son boudoir. Nos appartements, eux aussi, se marient un peu quand nous nous marions.

— Allons! murmura Fabry, dans le trouble d'un dépit dont on ne lut rien sur son visage, allons! le mariage belge est coulé à fond. Nous aurons cependant le bonheur, dit-il en s'adressant à Blancastel, de saluer madame ce matin...

— Valentine descendra prendre le thé avec nous.

— Ne viendra-t-elle pas ensuite assister aussi avec nous à ton triomphe à Longchamps?

— Cher colonel, mon triomphe... mon triomphe... comme tu y vas!

— Ah! tu joues là une grosse partie, Georges, je le sais.

— Très-grosse.

— Quel chiffre?

— Je tiens deux cents louis contre le champ.

— Deux cents louis, diable! dit Duportail.

— Combien de chevaux engagés?

— Six.

— Si tu gagnes, dit le colonel Chabert, c'est douze cents louis : vingt-quatre mille francs; c'est un beau denier.

— Trop beau, si tu perds! dit Duportail, dont le goût

pour les courses était plutôt commandé chez lui par sa position qu'il n'était sincère.

— Je ne reculerai pas !

— Pourvu que ton cheval en dise autant ! murmura ironiquement Duportail.

— A table, messieurs ! à table ! cria Georges, qui ne voulait pas que le déjeuner retardât sa présence sur le champ des courses.

Tous les invités du marquis s'assirent autour de la table et le déjeuner commença.

— Fabry, demanda Chabert, que dit-on, que fait-on dans la grande ville ?

— La grande ville danse malgré son grand âge. A propos de danse, que je vous dise... J'ai vu hier, chez une dame de mes amies, une lettre d'invitation qui m'a causé un étonnement que vous partagerez à coup sûr, le personnage qui l'adresse à cette dame, et probablement à bien d'autres, étant fort connu de vous tous.

— Qu'est-ce donc ?

— Chabert est pressé.

— Mais oui, sachons vite.

— Duportail aussi.

— Mais moi aussi.

— Vous aussi, Georges?

— Plus que les autres.

— Soyez donc tous satisfaits dans votre curiosité. Fabry sortit une lettre de sa poche.

— Voici cette invitation.

Fabry lut, et l'on écouta :

« Madame, j'invite monsieur votre fils, s'il n'a pas plus de huit ans, au bal d'enfants que je donne le mois prochain, samedi 5 décembre, dans mon hôtel de la cité Beaujon. Il s'agit du bonheur de toute sa vie, pourvu qu'il ne soit pas costumé en Turc. »

— Cette lettre n'est pas signée, dit le colonel Chabert au bruit des éclats de rire qui en salua la lecture.

— C'est une mystification de carnaval, ajouta Duportail.

— Du tout! du tout! c'est signé.

— Signé de qui?

— D'un fou, sans doute.

— Signé de moi, dit la voix d'un nouveau venu, Stefanoff-Adrianoff!

— Quoi! c'est vous, comte, qui avez envoyé cette incroyable invitation?

— A trois cents familles, cher colonel.

— Vous voulez donc vous amuser?

— Je ne fus jamais plus sérieux.

— Un bal d'enfants, chez vous, qui n'avez ni femme ni enfants! Un bal d'enfants où il s'agit de faire le bonheur de toute leur vie, pourvu qu'ils ne soient pas costumés en Turcs!

— Oui.

— Laissez donc, cher Adrianoff, vous voulez vous amuser aux dépens de Paris, pour en rire plus tard à Saint-Pétersbourg.

— Non, foi de Russe.

— Messieurs, intervint Georges de Blancastel, comme l'étonnement ne supprime pas l'appétit, déjeunons... Vous allez déjeuner avec nous, Adrianoff.

— Merci, j'ai déjeuné.

Et, tout en disant qu'il avait déjeuné, le nouveau convive prit successivement plusieurs œufs qu'il cassa et avala debout.

— Maintenant, reprit Fabry, me ferez-vous l'honneur, noble Russe, de nous donner la clef de cette énigmatique invitation dont vous nous voyez tous bien singulièrement surpris, quoique, en notre qualité de Français et de Parisiens, nous soyons habitués aux plus extravagantes drôleries?

— Voici, répondit Adrianoff.

Parisien-Russe comme il y en a toujours quatre ou cinq mille à Paris, n'ayant rien dans l'accent ni dans le costume qui le différenciât d'un habitant du faubourg Saint-Honoré ou de la Chaussée-d'Antin, portant les modes de nos tailleurs avec l'aisance la plus naturelle, suivant nos théâtres avec l'assiduité d'un homme d'étude et de goût, marchant dans nos salons comme s'il fût né dans la pièce à côté, c'est à peine si son teint un peu blanc mat, ses yeux légèrement bleu slave, ses cheveux fins, d'un blond particulier, disaient aux habiles physionomistes qu'il appartenait au soixantième degré de latitude nord.

— Voici, répondit Adrianoff. Il y avait une fois un riche seigneur russe. Ce riche seigneur, par une froide matinée d'hiver, en allant à la chasse, trouva, abandonné et endormi sur la neige, au pied d'un bouleau, un enfant beau comme le jour. Le jour, c'était moi. Le prince, qui n'avait pas d'enfant, me prit, m'emmena à son château, m'aima comme si j'eusse été son fils; il m'éleva, m'entoura de maîtres d'instruction et d'agrément, et, quand je fus grand, il me conduisit à la guerre contre les Circassiens. M'étant distingué, il paraît, dans toutes les affaires où je le suivis, il me donna la liberté au retour, et me recommanda au dernier czar, dont il était fort aimé. Le czar me fit comte. Mettant le comble à sa générosité pour un enfant qui ne lui était rien, mais qui lui avait sauvé la vie dans un combat, mon excellent protecteur me fit en mourant son héritier universel. Dieu ait son âme! je possède aujourd'hui tous ses biens.

— Adrianoff, dit Fabry, c'est fort touchant ce que vous racontez là; mais quel rapport, je vous prie, cela a-t-il avec le bal d'enfants?

— Non costumés en Turcs, ajouta Duportail.

— Je vais vous le dire.

— Nous sommes tous curieux de savoir...

— Mais vous ne mangez pas, mon cher Adrianoff.

— Merci, cher Georges, j'ai déjeuné, répondait l'excellent Russe en prenant la moitié d'un poulet, qu'il mangea tout en parlant comme il avait déjà mangé les œufs et une foule d'autres hors-d'œuvre. Mon ambition, continua-t-il, reprenant le fil de son histoire, mon unique désir est de rendre à l'humanité tous les biens que j'en ai reçus. Depuis cinq ans, je parcours l'Europe dans l'intention d'adopter un enfant, un enfant que j'élèverai comme j'ai été élevé, que j'aimerai comme j'ai été aimé, qui héritera de toutes mes richesses comme j'ai hérité de toutes celles de mon bienfaiteur.

A ces dernières phrases d'Adrianoff, Chabert, sincèrement enthousiasmé, se leva et offrit un verre de champagne à l'intéressant narrateur russe.

— Vous êtes un brave cœur, Adrianoff. A votre santé!

— Bien honoré, cher colonel, mais j'ai déjà beaucoup bu ce matin à mon déjeuner.

On sait maintenant ce que valaient les refus d'Adrianoff; aussi ne sera-t-on pas étonné s'il accepta le verre de champagne que lui offrait le colonel et qu'il vida pieusement d'un seul trait; s'il accepta pareillement un second verre que Duportail lui porta à son tour en lui disant du sérieux le plus diplomatique du monde :

— Si jamais vous me trouvez sur la neige au pied d'un bouleau, ô Adrianoff, adoptez-moi !

Ce fut avec le même regret qu'il avait déjà manifesté

qu'Adrianoff engloutit le quatrième verre de champagne de Duportail.

Fabry, qui voulait savoir la fin de l'histoire, en tendant un cinquième verre de vin de Champagne à Adrianoff, impassible comme un fleuve gelé de son pays, Fabry lui dit :

— Mais vous ne nous dites pas, excellent Adrianoff, pourquoi vous n'avez pas encore adopté un enfant, quand la terre en est couverte d'un pôle à l'autre.

— C'est juste, je ne vous l'ai pas dit.

— Nous attendons.

— Jusqu'ici, ceux qu'on m'a offerts ne me plaisaient pas, et ceux qui me plaisaient m'ont été refusés. Certes, j'ai vu de beaux enfants en Allemagne; mais j'ai remarqué qu'en grandissant les enfants allemands restaient Allemands. Un grand défaut!

— Oh! oui, Adrianoff, un grand défaut! d'autant plus qu'il les suit jusqu'à la fin de leur carrière.

— En Italie, j'ai été sur le point d'atteindre mon but. J'avais rencontré un enfant rempli de belles qualités, charmant, accompli, parfait enfin.

— Eh bien, que ne l'avez-vous adopté?

— Il touchait du piano.

— C'est différent... oh ! c'est différent !

— Et il en touchait bien peut-être ?

— Admirablement ! comme tous les enfants.

— Approuvé ! Adrianoff, approuvé !

— Mais, poursuivit Adrianoff, Paris, la ville où l'on trouve tout, ne me laissera pas longtemps chercher, et vous comprenez que je serais bien malheureux, si au milieu d'un bal où seront réunis deux ou trois cents enfants, je ne mettais pas la main sur celui que je poursuis pour faire son bonheur.

— Toutefois, dit Duportail, s'il n'est pas costumé en Turc.

— S'il n'est pas costumé en Turc, affirma avec une insistance un peu piquée Adrianoff, oui, s'il n'est pas costumé en Turc, savez-vous pourquoi ?

— Du diable si aucun de nous tenterait de le deviner !

— Sachez donc pourquoi. J'ai déjà donné deux bals d'enfants ; l'un à Vienne, l'autre à Florence. Eh bien, il me fut impossible de faire un choix parmi tous ces enfants, par la raison qu'il n'y avait aucune différence entre eux. Tous étaient venus costumés en Turcs.

— Ah ! délicieux ! voilà le mystère expliqué.

— Bravo, Adrianoff !

— Bravo ! bonne chance !

— Encore une fois, noble prince Adrianoff, dit Duportail, adoptez-moi, et je vous promets de ne pas m'habiller en Turc.

— Les Turcs, intervint Blancastel en riant, me rappellent les Grecs ; les Grecs me rappellent le jeu ; le jeu, que je vous dois dix mille francs, mon cher Fabry.

Il tira son portefeuille et y prit plusieurs billets de banque. Chabert ouvrit de grands yeux.

— Eh ! vous avez bien employé votre nuit, capitaine.

— Oh ! croyez bien que Blancastel n'a pas perdu qu'avec moi ; il a perdu avec Lachesnay ; il a perdu avec Delton ; il a perdu avec...

— Eh ! mon Dieu, interrompit Georges, blessé de cette insistance de Fabry à publier ses pertes, il est inutile de rappeler mes défaites avec tant de plaisir.

Fabry répliqua, ayant l'air d'avouer sa maladresse :

— Ah ! je suis si loin, mon cher Georges, de vouloir

me réjouir de votre mauvaise étoile, que je vous offre à l'instant même votre revanche en deux parties liées.

— Votre courtoisie de gentilhomme...

— La courtoisie!... quand l'amitié seule... Eh bien! acceptez sur-le-champ votre revanche, ou je brûle tous ces chiffons.

Et Fabry approcha les dix billets de banque de la flamme du foyer. Il se dit mentalement :

— A-t-il encore dix mille francs? C'est ce que je vais savoir.

En lui-même, Georges se dit, à son tour :

— Son orgueil mérite d'être rudement châtié; il le sera. — Messieurs, passons au salon, ajouta-t-il.

Tous se levèrent.

Au même instant, Valentine entrait par la porte du fond, suivie de Gabriel, portant un plateau sur lequel étaient des tasses où le thé était déjà versé.

Le mouvement de sortie des convives de Georges fut naturellement arrêté par la présence de Valentine, qui leur dit :

— Messieurs, vous oubliez le thé.

Georges l'avait déjà prise par la main, et, en la présentant à ses amis, il leur dit :

— Messieurs, dans quelques jours, madame la marquise de Blancastel.

Les amis de Georges s'inclinèrent avec respect.

Chabert fut le premier à complimenter Blancastel et sa jolie future.

— Nous vous félicitons tous les deux.

— Monsieur de Chabert, je vous remercie pour Georges et pour moi, répondit gracieusement Valentine.

Ce fut le tour de Fabry.

— Nous nous joignons à notre ami Chabert, n'ayant pas de meilleur compliment à vous adresser à l'un et à l'autre.

— Mille grâces, messieurs, mais le thé refroidit.

— Excellent ! fit Chabert en buvant son thé, où il avait versé par pure distraction trois ou quatre petits verres de rhum, habitude du désert.

— Adrianoff? dit Duportail en mêlant beaucoup de lait à son thé, autre manière de dénaturer le thé et de faire qu'il ne deviendra jamais une boisson nationale en France; Adrianoff?

— Quoi? répondit Adrianoff, qui mettait du vin de Champagne dans le sien, troisième manière d'empoisonner le thé.

— Madame connaît-elle votre histoire?

— Quelle histoire? demanda Valentine.

— Georges vous la racontera, dit Adrianoff.

Mais, Duportail persistant, il dit lui-même :

— Un bal d'enfants que donne, le mois prochain, notre ami Adrianoff dans son hôtel à Beaujon.

Valentine ne fut pas moins étonnée que ses hôtes.

— Un bal d'enfants! vous, monsieur Adrianoff? Quelle idée!

— Originale! appuya Fabry, qui, s'approchant le plus qu'il le put de Valentine, lui dit tout bas :

— J'ai à vous parler de Georges.

Valentine fit un mouvement.

Fabry ajouta, toujours tout bas :

5.

— Je reviendrai ici, dans cette salle, dans dix minutes, soyez-y. Dans dix minutes, madame, et n'y manquez pas.

En s'éloignant de Valentine, le sourire aux lèvres, il s'écria :

— Ah ! oui, l'idée de notre cher Adrianoff est incontestablement des plus originales.

— Ma chère amie, dit Blancastel à celle qu'il venait de faire saluer comme sa très-prochaine épouse, nous serons libres dans une heure ; veuillez bien vous tenir prête pour nous accompagner à Longchamps.

— Puisque vous le désirez, mon ami...

— Je vous en prie.

— Je serai prête.

Georges ouvrit ensuite la porte qui donnait dans le salon.

— Maintenant, messieurs...

— Qu'a-t-il à me dire ? pensa Valentine en prolongeant un regard sur Fabry.

Et Fabry, en regardant Valentine, se dit de son côté :

— Pas encore madame de Blancastel, pas encore ! Hâtons-nous, cependant !

Un instant après, tout le monde était sorti de la salle à manger, excepté Valentine et Gabriel. Gabriel s'occupa de faire enlever rapidement la table.

— Malheureux Georges! pensa Valentine les yeux arrêtés sur la porte du salon; malheureux Georges! encore le jeu! toujours le jeu! Mais que peut me vouloir M. de Fabry?

Fabry avait, comme Chabert, servi en Algérie, mais il ne lui ressemblait guère; à la vérité, l'un pouvait passer pour y avoir toujours vécu, tandis que Fabry n'y était demeuré que le moins de temps possible, détestant ces mœurs sauvages, ces figures bigarrées, ce soleil qui déchire la peau, vieillit avant l'âge, noircit le teint et fait blanchir les cheveux. Quoique brave à l'excès, et il l'avait prouvé dans plus d'une collision avec les naturels de la plaine et de la montagne, c'est la vie élégante et satisfaite qu'il préférait, la vie de Paris l'hiver, la vie des châteaux l'été. Rien ne ressemblait moins au caractère franc et avancé de Chabert que son caractère fin, sinueux, attentif, formé de fierté, de passion et d'une hauteur ardente. Si le but qu'il se proposait de toucher se trouvait au sommet d'une montagne, il ne la gravissait pas hardiment; il la creusait horizontalement, puis de bas en haut, et cela sans bruit, sans souffler, sans se décourager; et quand on ne savait plus s'il avait déserté ses projets, dont personne, du reste, n'était jamais bien informé, il apparaissait vainqueur, calme et inaccessible. C'est surtout en intrigues d'amour qu'il jouait ce jeu de ruse naturelle, qui lui réussissait presque toujours, mais qu'il secondait, il faut aussi le dire, par des qualités personnelles d'une excessive valeur. Son élégance de formes devait une souplesse remarquable à son passé d'officier de cavalerie : il y avait en lui, si la comparaison est permise, d'une cravache anglaise, dont la pomme d'or fin et ciselé couronne une élasticité agressive qui ne déplait pas, surtout aux femmes, toujours charmées et dominées par l'impertinente souveraineté d'un despotisme brillant.

Fabry aimait Valentine, il va être à peine besoin de le dire; l'aimait-il comme tout le monde aime? Question destinée, je le crois, j'en ai peur, à rester suspendue jusqu'à la fin de cette histoire du grand monde. Mais notre tâche est tout simplement de la raconter.

Dès que les domestiques eurent enlevé la table, Valentine appela Gabriel.

— Gabriel, j'ai à vous parler.

Dans les moustaches du zouave coururent effarées ces paroles :

— Nous y voici!

— Eh bien, cette nuit?...

— Eh bien, madame, cette nuit...

— Comme les autres, n'est-ce pas?

— Euh! euh!...

— Il a encore perdu?

— Je n'ai pas dit cela. D'ailleurs...

— Explique-toi.

— Ça dépend.

— Que voulez-vous dire, Gabriel?

— Je n'oserais pas dire oui; je n'oserais pas dire non à madame.

— Voyons, était-il en colère?

— Oh! non; de mauvaise humeur seulement.

— Alors, comment douter qu'il a perdu?

— Mais, madame, ceux qui ont gagné sont souvent de mauvaise humeur aussi.

— Comment ça?

— Comment ça, demandez-vous?

— Oui.

Le zouave eût mieux aimé faire face à une attaque de douze Kabyles.

— Eh bien, madame, ils sont souvent de mauvaise humeur parce qu'ils n'ont pas assez gagné.

Valentine fut loin d'être rassurée par cette réponse, qui avait ravi le zouave du contentement de lui-même.

— Georges, demanda encore Valentine, a-t-il ouvert son secrétaire?

— Il était bien tard, madame...

— Sans doute.

— J'étais presque endormi... Mes yeux... ma vue...

— Ensuite?

— Mais je crois que oui, madame; il l'a ouvert.

— Et il y a mis de l'or, des billets?...

— Ah! je n'affirmerais pas à madame que je l'aie vu y mettre des billets.

— Oh! alors, je ne suis que trop certaine... Et dans ses paroles, vous n'avez rien remarqué? Rappelez-vous, Gabriel!...

— Tournons la position, se dit le zouave, ou je

suis fumé comme dans les grottes du Dahra. — Il ne m'a parlé que de vous, madame; il était désolé que vous eussiez passé la nuit à l'attendre. Et puis, quand je lui ai parlé de votre filleul...

— Ah! fit Valentine.

— Bien! pensa le zouave; elle a dit: « Ah! » — Oui, quand je lui ai parlé du petit paysan de Neuilly, il a été si content, qu'il m'aurait embrassé sans la discipline militaire.

— Cher Georges!

— La position est tournée, se dit Gabriel : en avant! — Ah! madame, il l'aime bien, cet aimable amour d'enfant!

— N'est-ce pas, Gabriel?

— C'est qu'il est fort gentil aussi, il faut tout dire, le petit bonhomme. Il vient à ravir là-bas, dans la campagne où vous l'avez planté. Mais je voulais vous dire, son petit camarade, le fils du jardinier, est bête comme un hanneton... Cette compagnie d'insectes pour un enfant aussi intelligent que votre filleul... Pourquoi ne le faites-vous pas venir quelquefois ici?

— Dans quelque temps, mon ami, dans quelque temps. Nous le mettrons au collége, et il viendra passer tous ses dimanches et toutes ses vacances avec nous.

— A la bonne heure! Et je lui donnerai des leçons de fleuret, de sabre, d'espadon, de contre-pointe, dont je suis prévôt, comme on peut voir par mon brevet entouré de nombreuses devises : « Gloire à Dieu! honneur aux dames! »

— Gabriel?

— Madame.

— J'ai un projet... Voulez-vous que nous procurions une bien grande joie à ce cher enfant?

— Si je le veux!

— Ecoutez.

— Me voilà.

Valentine baissa le son de sa voix, et le zouave l'écouta avec la roideur de la sentinelle qui reçoit le mot d'ordre dans la tranchée.

— Je viens d'apprendre, dit Valentine, que M. Adrianoff donne bientôt un bal d'enfants...

— Ah! bon! vous voulez y aller...

— Tu es fou! un bal d'enfants...

— Ah! bon!

— Faites faire, sans rien dire à personne, deux costumes de petits bergers tyroliens, l'un pour Valentin, l'autre pour son camarade, le fils du jardinier.

— Le hanneton?

— Quand ces costumes seront prêts...

Valentine n'acheva pas sa phrase. Georges de Blancastel entrait furtivement par la porte qu'il avait prise en sortant. Il était pâle et ému. Il alla vers Gabriel en l'appelant : « Gabriel ! Gabriel ! » Mais, apercevant Valentine, il se retint et dit :

— Ah ! vous êtes encore ici... Je vous croyais occupée à vous habiller.

Le trouble de Georges provoqua celui de Valentine ; elle balbutia :

— Je suis restée un instant... un ordre à donner à Gabriel... Ma toilette sera bientôt faite. — Comme il est agité ! se dit Valentine.

— Très-bien ! C'est que nous partirons bientôt pour Longchamps...

— Quand il vous plaira, mon ami.

— Nous allons partir.

— Oui... partons, Georges...

— Il faudrait vite vous apprêter.

— J'y vais, mon ami.

— Je vous en prie.

— Mais tout de suite! J'y cours!

En s'en allant l'esprit tout remué par cette subite et inquiète apparition du marquis, Valentine murmura :

— Qu'a-t-il, mon Dieu, que lui est-il arrivé?... M. de Fabry me dira ce qui s'est passé.

Remarquant que Georges la suivait des yeux, elle lui sourit d'une façon contrainte.

— A bientôt, Georges!

C'est d'une manière tout aussi forcée que Georges, impatient de la voir s'éloigner, lui répondit :

— A bientôt, amie! à bientôt!

Georges de Blancastel et Gabriel furent seuls.

— Cet argent que je t'ai remis tantôt, demanda vivement le capitaine à son zouave, cet argent...

— Il est là, mon capitaine, répondit Gabriel en mettant la main sur sa poitrine.

— Très-bien! très-bien! Voici pourquoi... je...

— Et demain, il sera sous clef, derrière une serrure, que le diable lui-même ne forcerait pas.

— Avant de renfermer cet argent... remets-le-moi un instant... J'ai besoin...

La figure du zouave exprima naïvement l'embarras de son esprit.

— Pardon, mon capitaine, mais si c'était un effet de votre bonté, je désirerais savoir pourquoi vous voulez, dans ce moment, communiquer avec cette somme.

La curiosité du loyal dépositaire augmenta l'impatience de son chef.

— Donne vite! j'ai besoin d'en prendre une partie. Je n'avais pas pensé... je n'avais pas réfléchi tantôt... Enfin remets-moi dix mille francs... il me faut dix mille francs.

— Encore une fois, pardon, excuse, mon capitaine, mais vous m'avez dit tantôt : « Gabriel, quelque prière que je te fasse pour que tu me donnes plus de cinq mille francs le 1er de chaque mois, ou pour que tu me livres pareille somme avant le terme, ne m'écoute pas, refuse! » Vous me demandez dix mille francs, c'est-à-dire deux mois d'avance, je refuse.

— Tu refuses! mais...

— Vous voulez éprouver ma fermeté, vous voulez voir si je sais résister. —Vous m'avez vu au feu. — Il y a un mur devant votre argent.

— Je ne veux pas éprouver ta fermeté, répliqua le capitaine irrité de toutes ces lenteurs, dont il n'était pas dans une disposition d'esprit à apprécier la loyauté. Je te répète qu'il me faut sur-le-champ dix mille francs.

— Ne m'avez-vous pas dit, capitaine?...

— Passons sur ce que j'ai dit.

— Je ne passe pas, moi!

— Voyons, terminons...

— C'est tout terminé.

— Une dernière fois...

— Non, mon capitaine, vous ne les aurez pas.

Le mur que tâchait d'ébranler Blancastel ne vacillait

seulement pas. La sueur coulait de son front; ses yeux étincelaient d'une contrariété mal contenue. Il essaya de tourner l'obstacle qu'il ne pouvait renverser.

— Gabriel, je t'approuve.

— Je le savais bien, mon capitaine.

— Je te remercie de ton obstination.

— Il n'y a pas de quoi.

— Mais voyons, Gabriel, écoute. Si j'étais condamné à mort, même justement, tu n'hésiterais pas à me faire évader, si la chose était en ton pouvoir. Il s'agit ici pour moi d'un coup de vie ou de mort. Je dois ces dix mille francs à un homme... à un homme à qui je ne veux rien devoir. Sauve-moi de ce supplice !

Le zouave passa sa main sur ses moustaches, son signe aussi à lui de contrariété intérieure, et qui répondait à la patte du chat glissée derrière l'oreille quand il y a de l'électricité dans l'air et de l'orage dans l'atmosphère.

— Ah ! mon capitaine ! dit-il ensuite.

Et il ne dit que cela; mais quelle expression il mit dans ces simples paroles !

— Gabriel, épargne-moi cette honte, et, je le jure, je

te le jure sur l'honneur, sur l'honneur, entends-tu bien? je ne toucherai pas avant trois mois aux trente-cinq autres mille francs qui vont rester entre tes mains.

Il se joua ici une comédie, ou plutôt un drame vraiment sublime entre cet homme, supérieur à tous les titres par sa position, et celui qui obéissait toujours, à toute heure de la vie, mais qui, cette fois, se débattait sous le poids de la supériorité empiétant sur un autre ordre de sentiments. L'honneur l'emportait ou cherchait à l'emporter en lui sur la soumission; l'honneur en avait le droit; mais fallait-il que le devoir fût le plus fort? Il y avait presque des larmes dans les yeux du maître qui parlait et suppliait. L'honnête soldat fut à la hauteur de sa situation, et c'est de cette manière qu'il le prouva.

Ouvrant brusquement son habit, il dit au capitaine :

— Prenez votre argent vous-même; moi, je ne veux pas y toucher.

Georges saisit vivement le portefeuille dans la poche de Gabriel, prit quelques billets qu'il compta, en laissa quelques autres et remit ensuite le portefeuille où il l'avait trouvé.

— Merci, Gabriel.

Gabriel ne répondit pas à ce remerciment.

— Quelle leçon! quelle leçon!... se dit amèrement Georges en s'en allant.

Dès qu'il ne fut plus dans la salle à manger, Gabriel, plus libre d'épancher son mécontentement contre son maître et contre lui-même, grommela en regardant la porte par où le capitaine venait de sortir et en désignant la poche où le portefeuille, plus léger, avait repris sa place :

— Qu'il vienne maintenant chercher le reste! il lui faudra du canon pour le prendre.

Mais il aperçut Valentine, qui revenait; sa colère se perdit dans la fumée de cette première décharge.

— Laissez-moi, Gabriel, lui dit Valentine, qui avait fait sa toilette pour accompagner Blancastel et ses amis aux courses de Longchamps, laissez-moi, mon ami.

En se retirant, Gabriel se dit, les regards tournés avec intérêt vers Valentine :

— Quand il aurait pu être si heureux avec ce trésor de femme-là!

Les réflexions de Valentine, qui revenait pour attendre M. de Fabry, furent celles-ci pendant le peu de minutes que le vicomte mit à se trouver au rendez-vous auquel il l'avait priée de ne pas manquer :

— Non! Georges était trop ému pour qu'il ne se soit rien passé de grave dans ce salon. Je n'ai pas voulu interroger Gabriel; il craint trop, en me parlant de son maître, de me faire de la peine. M. de Fabry, qui n'a pas les mêmes scrupules, me dira sans doute...

Le vicomte de Fabry entra dans la salle à manger.

— Oui, madame, j'ai à vous parler de Georges, commença-t-il par dire du ton résolu d'un homme décidé à mettre le pied dans une explication décisive.

— Avant toutes choses, interrompit Valentine, dites-moi, je vous prie, monsieur de Fabry, quel motif l'a fait venir tantôt ici dans une agitation dont il ne m'a pas été possible de deviner la cause?

— Georges nous a quittés, je crois, un instant pour aller prendre dans son secrétaire quelques milliers de francs qu'il a perdus avec moi.

— Ah! c'est pour cela?...

— Oui, madame; mais je n'ai pas remarqué chez lui, quand il est venu nous retrouver, ce trouble si grand qui vous a frappée.

— Tant mieux! mon inquiétude m'aura fait exagérer l'animation que j'ai cru voir sur son visage. C'est que, depuis quelque temps, et vous, son ami, vous ne l'ignorez pas, il vit dans une fièvre continuelle. Georges cherche à s'échapper, à s'étourdir.

— Georges, madame, sans avoir la conscience exacte de sa position, en a le triste pressentiment.

Étonnée de la hardiesse de ces paroles, quoique, comme elle venait de le dire elle-même, Fabry fût un des intimes amis de Blancastel, Valentine fit cette réponse, dont les expressions restaient fort au-dessous de l'accent qui les accompagnait :

— Sa fortune sans doute est un peu aventurée, un peu compromise ; mais...

— Ne nous dissimulons pas sa situation, madame, nous qui voudrions l'en arracher : Georges est ruiné.

— Mais, monsieur...

— Georges est perdu ! Voilà, madame, ce que j'avais à vous dire au moment où vous allez lier votre sort au sien.

— Perdu ! répéta sourdement Valentine après la consternation d'un intervalle silencieux que respecta le vicomte de Fabry ; perdu ! Sans nier absolument vos paroles, je crois, monsieur de Fabry, que vous oubliez trop en ce moment que M. de Blancastel possède encore une grande ressource, — une ressource dernière, il est vrai, — mais plus que suffisante pour le sauver d'un désastre.

— Sa propriété de Blancastel?...

— Oui, monsieur, répondit Valentine.

— Il ne l'a plus.

— Il ne l'a plus?

— Elle est en vente.

— Et qui l'aurait mise en vente? s'écria Valentine avec autant d'effroi que d'incrédulité.

— Ses créanciers.

— En êtes-vous bien sûr, monsieur de Fabry?

Fabry sortit une affiche de sa poche, et la mit sous les yeux de Valentine; il la lut lui-même :

« Vente par expropriation forcée, à la requête des héritiers Beauvoisin, des bois, de la forêt, des fermes, des prairies et de toutes les autres dépendances de la seigneurie de Blancastel, appartenant à M. le marquis Georges de Blancastel. »

Il fallait bien courber la tête devant l'écrasante réalité de cette affiche.

— Oh! mon Dieu! dit Valentine, les yeux au ciel, ce

qu'il redoutait à l'égal du déshonneur, à l'égal de l'infamie !...

Mais, se faisant bon courage sur-le-champ, elle s'empara de l'affiche.

—Donnez, dit-elle à Fabry, donnez! son homme d'affaires connaîtra immédiatement...

Elle sonna, un domestique accourut.

— Ceci, à l'instant, lui dit Valentine, chez M. Durosoy.

Le domestique sortit en emportant l'affiche chez l'homme d'affaires.

— Malheureusement, continua Fabry, cette affiche, qu'un de nos amis communs, à Georges et à moi, m'a fait parvenir ce matin, est déjà collée à la grille de son château ; dans huit jours, elle couvrira les murs de Paris.

Valentine retomba sous le même accablement.

— Pauvre Georges! Ce malheur qu'il redoutait est donc arrivé ! Mais, monsieur de Fabry, n'est-il aucun moyen d'arrêter, de suspendre cette odieuse expropriation forcée? Cherchons.

— Il faudrait payer avant huit jours six cent mille francs ou donner aux créanciers des garanties tellement fortes... Six cent mille francs! l'amitié la plus dévouée recule épouvantée devant ce chiffre. Quant aux gens qui prêtent, ils savent,—que ne savent-ils pas?—que Georges n'a plus rien à espérer de sa famille.

— C'est vrai! convint péniblement Valentine.

— Ils savent aussi que ce n'est pas par son industrie qu'il trouvera six cent mille francs.

— Oh! non! mais que faire, que faire pour l'empêcher de tomber dans l'abîme insondable de cette existence de gêne et de privations qui va s'ouvrir sous lui, et dont la pensée seule lui fait horreur?

La voix de Fabry changea brusquement à cette question de Valentine, et l'on eût dit qu'il avait amené, attiré cette question de bien loin, afin d'y répondre avec la précision qu'il y mit, tout en ayant l'air de continuer un entretien depuis longtemps commencé.

— Cette existence de gène et de privations, dit-il, fait justement horreur à tous ceux qui vivent largement comme lui depuis leur naissance, et ni lui, ni moi, ni vous-même, madame, ne sommes faits, croyez-le bien, pour la regarder sans effroi... A la rigueur, un homme peut parvenir à se dégager de cette boue de misère quand il a du courage et de la résolution; il prend du service, il se fait tuer à la première affaire; mais une femme, une femme jeune, belle, belle comme vous, habituée au luxe et à l'élégance, quand le besoin frappe de son doigt maigre à la porte dorée de son boudoir, que devient-elle, grand Dieu !

— Parlons de Georges, je vous prie, monsieur de Fabry.

— Parlons de vous, madame... Vous voyez-vous dans un an, dans six mois peut-être, sans domestiques, sans chevaux, sans voitures, sans diamants, logée à un sixième étage, sortant à pied par la pluie, par la neige, travaillant sans feu jusqu'à minuit pour vivre !

Un peu étonnée du tour qu'avait pris une conversation d'abord exclusivement consacrée à M. de Blancastel, Valentine pensa à se retirer ; mais, ne renonçant pas à découvrir un moyen de le tirer d'affaire à l'aide des conseils et des lumières de celui dans lequel elle devait voir encore un ami de la maison, elle resta.

— Georges, répliqua-t-elle, sera là près de moi ; et, quand on s'est aimé dans la splendeur, on s'aime quelquefois davantage dans la pauvreté.

Un rire accablant partit des lèvres ironiques de Fabry.

— Roman, — romance, — poésie, madame ! Tenez !

Duportail, qui joue joyeusement avec Georges en ce moment, a été plus habile que cela. Il vivait, — vous le savez peut-être, — dans une étroite intimité avec la belle mademoiselle d'Hervilly.

— Oui, il me semble avoir entendu dire...

— Ils éprouvèrent, il y a un an, le sort qui vous menace.

— Eh bien, que firent-ils?

— Ils voulurent résister d'abord. Leur ménage devint un enfer, si bien, qu'un beau jour, Duportail, désespéré, sortit par une porte, mademoiselle d'Hervilly par l'autre porte... Non!... mademoiselle d'Hervilly ne sortit pas. Bergeval, un ami à eux, très-riche, fort bien venu dans la maison, dit à mademoiselle d'Hervilly : « Votre existence était douce, charmante ici, restez donc ici, madame, restez!... Duportail parti, il n'y aura qu'un visage changé, et encore!... Vous avez une si longue habitude de le voir!... » Mademoiselle d'Hervilly parut d'abord un peu étonnée. Bergeval, homme d'esprit, voulut lui épargner l'embarras d'une réponse immédiate. Il dit à mademoiselle d'Hervilly que si, par bonheur, sa réponse était favorable, elle accepterait de faire une promenade au bois avec lui dans sa calèche, un jour très-prochain qu'il viendrait lui demander cette faveur. Je n'ai pas besoin de vous dire quelle fut la réponse de mademoiselle d'Hervilly, puisqu'elle n'a pas quitté son joli hôtel de la rue La Bruyère, ni sa délicieuse existence. Et Duportail s'est consolé.

Tout ce long morceau sur mademoiselle d'Hervilly, à l'adresse transparente de Valentine, donna enfin à celle-ci la mesure des prétentions longtemps souterraines de l'homme. Elle l'écrasa d'un seul regard, regard d'autant plus terrible, qu'il n'était allumé ni par la colère, ni par le mépris, ni par l'indignation, ni par la pitié; elle regarda tout simplement Fabry; elle traita la chose comme rien et l'homme comme la chose. — Qu'avait-il dit?

Ce silence si grand dans sa nullité fut couvert par le bruit qui se faisait au dehors : c'étaient les voix de Georges, de Chabert, de Duportail, d'Adrianoff, et l'on distinguait ces mots : Une heure et demie, messieurs!

— Non, il est deux heures moins vingt-cinq.

— Pardon, moi, j'ai moins vingt.

— Moi, moins le quart seulement.

Puis entrèrent bruyamment dans la salle à manger où Valentine et Fabry étaient, Georges de Blancastel, Chabert, Duportail et Adrianoff.

Georges dit à Fabry :

— Nous partons pour Longchamps; c'est l'heure : venez-vous ?

— Je vous suis.

— En voiture! cria Adrianoff.

Chabert, indiquant le chemin à Valentine pour qu'elle précédât tout le monde,

— Madame...

Tous se rangèrent pour laisser passer Valentine.

Dans ce moment, elle se pencha à l'oreille de Georges :

— J'ai deux mots à vous dire.

— Messieurs, à vous dans l'instant.

Et les amis de Blancastel sortirent pour aller attendre dans la cour.

Valentine dit rapidement au marquis :

— Avant de nous rendre à Longchamps, il est indispensable que nous passions chez M. Durosoy.

— Encore M. Durosoy! encore!

— Oui.

— C'est impossible.

— Il le faut.

— Mes minutes sont comptées; demain, il sera bien temps...

— Demain, il sera trop tard. Courons d'abord chez lui.

— Encore une fois, Valentine, je tiens douze cents louis de paris.

— Et lui tient votre considération, votre honneur dans ses mains. Puisqu'il faut tout vous dire, votre château de Blancastel...

Des voix impatientes appelèrent du dehors :

— Georges! Georges!

— Je suis à vous, messieurs, je suis à vous, me voici.

Et, se tournant vers Valentine :

— Venez!

Pour toute réponse, Valentine dénoua les brides de son chapeau.

— Quoi! que faites-vous? Mais venez!

— Je reste !

— Mais, Valentine, songez...

Valentine ôta nerveusement son chapeau, qu'elle lança avec colère sur le divan.

— C'est résolu ! je reste, vous dis-je...

— Eh bien, adieu, alors...

— Adieu !

Georges sortit, et Valentine tomba, troublée, indignée, émue et désolée, dans un fauteuil.

— Décidément, dit-elle baignée dans la douleur et les larmes, le calme est pour lui la vie impossible ! jamais les paisibles joies du foyer, les sensations de l'existence intérieure qu'il rêvait tantôt près de moi, à cette même place, n'éteindront la dévorante, l'implacable ardeur de son âme de feu. Les émotions violentes, les plaisirs succédant sans fin aux plaisirs, voilà ce qu'il faut pour la remplir, et c'est avec de l'or, toujours de l'or, qu'on achète ces plaisirs et ces émotions ! Trouvera-t-il cet or dans les restes confus d'une fortune tarie, dont les dernières gouttes s'en vont par ses deux mains ouvertes ? La misère plane déjà sur lui, elle va le saisir. La misère ! la misère! légère pour moi, elle sera un manteau de plomb pour lui. En m'épousant, — ah! je le vois, je le comprends, maintenant, — Georges va écraser son existence du fardeau de la mienne, car je ne puis rien pour son bonheur, rien par mes conseils, rien par ma fortune. Oh! pour une femme, c'est la plus intolérable des souffrances de ne pouvoir rien faire pour l'homme qu'elle aime et qui, par mille belles qualités du cœur, est digne d'être aimé! — Que me voulez-vous? demanda Valentine au domestique, dont la présence vint l'interrompre au milieu de ses poignantes lamentations.

— Une jeune dame, qui attend dans le premier salon, demande à madame si elle veut bien la recevoir.

— Faites entrer.

Le domestique sortit.

Valentine et une dame qu'elle n'avait jamais vue se trouvèrent bientôt en présence. La jeune dame s'assit sur un signe de Valentine, et elle parla ainsi, après avoir lutté pendant quelques secondes avec un embarras visible :

— Je dois, madame, vous remercier d'abord de la bonté toute particulière que vous avez d'admettre chez vous une personne qui vous est probablement inconnue.

— Le but de votre visite, madame, en justifiera sans doute l'apparente étrangeté.

— Je me nomme Hélène Overmann.

Valentine eut un léger frisson qu'elle réprima.

— Je connais ce nom, et M. de Blancastel bien souvent...

— C'est de lui, de vous et de moi, madame, qu'il sera uniquement question dans notre entretien, si vous m'autorisez...

— Parlez, madame.

— Je vais parler avec franchise, avec une franchise bien cruelle, bien cruelle peut-être pour vous, peut-être pour moi; mais si vous daignez m'entendre jusqu'au bout, vous reconnaîtrez qu'elle a son excuse dans la noblesse que je prête à vos sentiments et dans celle que vous accorderez peut-être aux miens.

— Que vais-je donc apprendre? pensa Valentine, fort peu rassurée par ce début.

Hélène Overmann reprit haleine et continua :

—J'ai été aimée, il y a quelques années, de M. Georges de Blancastel.

— Vous, madame?

Valentine s'était levée à demi.

— Beaucoup aimée.

— Madame, cette confidence...

— La résolution courageuse que j'ai prise en venant ici m'oblige à vous avouer que je l'ai beaucoup aimé aussi.

A travers un sourire triste, Valentine abandonna cette réponse :

— L'aveu est complet maintenant.

— Pas encore, madame.

— Pourtant...

— J'allais l'épouser, il y a huit ans environ.

— Ah!... j'ignorais...

— Mon père voyait ce mariage avec bonheur, moins parce que la position de fortune de M. de Blancastel était grande alors, que pour avoir un gendre qui apportât dans notre famille le titre de marquis. Au moment de se conclure, ce mariage fut brusquement renversé par un incident aussi futile qu'orgueilleux. Ma mère voulait qu'il fût célébré à Bruxelles, la mère de M. de Blancastel qu'il fût célébré à Paris. Les paroles s'aigrirent. Cette difficulté devint d'abord un obstacle, enfin une impossibilité. Tout fut rompu entre les deux familles. Je pleurai beaucoup, mais j'avais seize ans; on crut me consoler en me mariant bien vite à l'un de mes riches cousins; et cela vous explique, madame, comment je porte encore, quoique veuve, le nom de mon père. M. de Blancastel, désespéré, dit-on, alla rejoindre son régiment en Afrique.

— C'est ce premier amour, pensa Valentine, dont il n'a jamais voulu m'affliger.

Hélène reprit :

—Quelques mois après mon mariage, je devins veuve. Il me fut permis alors de me souvenir. Je me souvins, et c'est avec une satisfaction qui n'a rien coûté à mes devoirs que j'ai appris récemment, de la bouche de mon frère, que M. de Blancastel devait venir passer quelques jours chez nous. Je l'ai revu...

—Pourquoi vous arrêtez-vous, madame?

—Il me semble que vous souffrez, répondit Hélène.

— Vous avez revu, disiez-vous, M. de Blancastel?

— Ces jours derniers.

— Au château du Bois-le-Duc?

— Oui, madame. Je ne vous dirai point qu'en revoyant M. de Blancastel, j'ai retrouvé les émotions des premières années ; mais lui non plus n'aura sans doute pas retrouvé dans la veuve Overmann ses premières illusions. Cependant notre mariage fut convenu.

Cette fois, Valentine se leva entièrement. La surprise dépassait sa résignation.

— Votre mariage?... ces jours derniers?...

— Oui, madame.

— Mais ces jours derniers?... J'ai besoin que vous répétiez...

— Ces jours derniers, madame.

Valentine se rassit, et, reprenant son calme affecté :

— Pardon, madame, pour vous avoir interrompue.

— Je vous avouerai, madame, reprit Hélène, que la pensée de partager ma fortune avec un homme dont l'avenir peut être si brillant, à la condition qu'aucune des nécessités serviles de la vie ordinaire ne l'entravera, une fortune qui s'élève aujourd'hui à plus de trente millions, a été la principale cause de mon consentement à ce mariage renoué par mon frère.

— Poursuivez, je vous prie, dit Valentine s'établissant de plus en plus dans sa résolution d'entendre jusqu'au bout, sans mourir, cette révélation que devait clore l'une des deux femmes par un acte aussi haut, aussi déchirant que le plus beau martyre dans l'histoire des grands dévouements chrétiens.

— Ce mariage allait se conclure, continua Hélène, quand mon frère a su, par des informations prises à Paris, que M. de Blancastel... que M. de Blancastel... n'était pas... aussi libre qu'il l'eût désiré. Sans me consulter, il lui a aussitôt écrit qu'il lui rendait sa parole. J'aurais partagé l'opinion de mon frère, j'aurais approuvé la vivacité de son refus, si je n'avais pensé qu'il était tout à fait inadmissible que M. de Blancastel, si loyal dans toutes ses actions, eût permis qu'on entamât avec lui la plus délicate des négociations, un mariage, s'il était réellement aussi engagé qu'on l'a écrit à mon frère. Peut-être cependant me suis-je trompée...

Les paroles d'Hélène, à mesure que l'entretien avançait, se faisaient plus lentes et plus rampantes; on eût affirmé qu'elles tendaient vers un point au-dessous duquel se creusait un gouffre inévitable. Il fallait arriver à ce point et tomber; c'était imminent, c'était infaillible; on conçoit que son cœur se contractât et que sa voix devînt hésitante.

— Poursuivez, répéta Valentine. Poursuivez, madame.

— J'ai voulu m'assurer par moi-même, continua Hélène, si véritablement mon frère avait raison, si véritablement M. de Blancastel, ainsi que je viens de vous le dire, était aussi engagé... Je suis venue à Paris avec cette intention, et fermement soutenue par la pensée qu'une femme que M. de Blancastel a distinguée serait digne de m'entendre, et que le meilleur intermédiaire entre elle et moi serait la loyauté.

Ce fut avec la même noblesse de sentiments et de paroles que Valentine répondit :

— Elle est assise entre vous et moi, madame, depuis que vous êtes entrée. Parlez donc, madame.

Hélène parla.

— S'il ne restait plus de votre longue intimité avec M. de Blancastel, dit-elle, qu'un lien d'habitude ; si, comme cela arrive bien souvent dans une foule d'unions, vous soupiriez l'un et l'autre, sans oser vous le dire, après votre liberté, j'attends, madame, que vous me le disiez avec franchise.

— Achevez, madame.

— Si, au contraire, acheva Hélène, votre attachement pour lui est encore comme aux premiers jours ; si vous avez pour lui la même tendresse ; si, enfin, madame, vous l'aimez, parlez, dites-le-moi loyalement, je me retire en silence : le refus de mon frère sera respecté.

Hélène se leva non-seulement pour faire mieux comprendre à Valentine qu'une réponse de sa part, qu'un mot allait finir ses doutes, mettre un terme à une entrevue qui n'avait pas eu peut-être sa pareille dans les annales du monde réel, mais encore qu'elle se donnait la douleur de penser, de supposer avec une presque certitude qu'elle, Valentine, allait lui accuser la perpétuité de son immuable amour pour Georges de Blancastel.

Valentine retint Hélène.

— Restez, madame.

Hélène fut surprise; elle n'osait croire...

— Madame... balbutia Valentine, madame...

Trois fois elle commença sa phrase.

— Mon émotion comprend la vôtre, lui dit Hélène.

— Oui, madame, reprit avec effort Valentine, oui, je l'avoue... j'ai beaucoup aimé... autrefois... autrefois M. de Blancastel. Et cette liaison... cette liaison, formée loin de la France, à un moment de ma vie où elle me servit de protection contre l'isolement, nous semblait à l'un et à l'autre devoir durer autant que nous-mêmes; ce n'est pas ma faute s'il n'en a pas été ainsi. Le caractère de M. de Blancastel, bon, irréprochable, tant que le devoir l'a contenu dans les conditions rigoureuses de la profession militaire, s'est transformé, altéré... dès qu'il a été en contact avec les habitudes de la vie parisienne. Avec les moyens de mener une existence indépendante, M. de Blancastel en a pris tous les caprices; alors, ses entraînements trop exclusifs pour des plaisirs que je n'approuvais pas... son horreur pour des conseils que je me suis permis quelquefois de lui donner... l'ont détaché... éloigné... peu à peu de moi... J'ai fait entendre des reproches... des plaintes... je suis devenue importune... mon abandon s'en est suivi. J'ai pleuré... puis je me suis résignée... puis je n'ai plus aimé que dans le souvenir, et enfin... enfin, de la femme éprise... bien dévouée... il n'est plus resté que l'amie.

— Que l'amie? demanda Hélène, le regard plongé dans les yeux de Valentine.

— Que l'amie, répéta celle-ci laissant tomber la voix.

— Ainsi, demanda encore Hélène sans faire dévier son regard, ce regard qui interrogeait l'âme de son interlocutrice; ainsi vous verriez sans désespoir, sans douleur, une rupture devenue si facile?

— Sans douleur, sans désespoir, madame.

— Et sans regrets?

Se contraignant de plus en plus, Valentine répondit :

— Sans regrets... pourvu qu'il fût heureux.

— Il sera heureux, madame! s'écria Hélène avec passion, convaincue qu'elle avait recueilli la vérité des lèvres de Valentine ; oui, il sera heureux! car maintenant je puis vous le dire, — vous m'en avez donné le droit, — lorsque j'ai revu à Bois-le-Duc M. de Blancastel, j'ai senti renaître en mon cœur des sentiments que je croyais éteints, que je croyais morts ; ils n'étaient qu'endormis! Oh! oui, il sera heureux! car, si son nom le fait l'égal des plus grands noms, ma fortune le mettra au-dessus des plus grandes fortunes ; et, avec mes immenses revenus, il pourra... Mais vous pâlissez, vous souffrez, vous pleurez! Ah! ce n'est pas bien, madame, vous m'avez trompée. Vous l'aimez encore!

— Je me suis trahie, dit, dans le creux de sa pensée, Valentine.

Et, reprenant son énergique hypocrisie, comme une épée qui lui serait tombée un instant des mains, elle dit à Hélène :

— Non! je ne vous ai pas trompée... Mais l'habitude des années écoulées sous le même toit... mais le cri de la jalousie... même quand on n'aime plus... le regret sans doute aussi de ne pouvoir plus aimer comme vous aimez, madame... voilà la seule... l'unique cause de mes larmes. Oh! croyez-moi bien, je ne l'aime plus!

Hélène ne se laissa pas entraîner.

— Je ne vous crois pas, madame; oh! non, je ne vous crois pas!... Et je remercie le ciel de m'avoir montré à temps l'erreur où j'allais tomber; car vous ne savez pas, madame, le malheur qui en fût résulté pour ma vie, si, après avoir été confiante dans vos paroles, j'avais découvert plus tard, quand j'aurais été mariée, que vous aimiez encore M. de Blancastel. Il se fût élevé des pensées, des résolutions folles, désespérées, dans mon âme froissée.

Valentine, persistant dans l'opinion qu'elle voulait à tout prix enfoncer dans l'esprit d'Hélène, répliqua :

— Oh! madame, madame, croyez-moi!

— Je crois vos larmes. Je viens de vous dire, dans une minute d'oubli, l'étendue de mon amour pour lui; à cet amour mesurez les peines, les supplices de la jalousie, si vous l'eussiez allumée en venant me reprendre un bien que je croyais avoir légitimement acquis sur votre indifférence. La femme qui a osé venir chez vous, qui a osé affronter un entretien comme celui que nous venons d'avoir, n'aime pas à demi. Ah! oui, mieux vaut cent

8.

fois la douleur que vous me faites, en m'obligeant à revenir sur l'espoir que j'avais conçu d'abord, que la grande douleur que j'eusse ressentie en apprenant que vous n'aviez pas cessé d'aimer celui que je veux aimer seule ou ne plus revoir jamais.

— Vous vous êtes méprise, redit Valentine qui avait rentré ses larmes au fond de ses yeux et les retenait par la puissance de sa volonté; vous vous êtes méprise sur la cause de ces larmes.

Le parti d'Hélène Overmann était pris, elle se leva pour s'en aller.

— Je ne le verrai plus. Adieu, madame.

Valentine la retint.

— Mais, encore une fois, je vous proteste, je vous assure que vous vous êtes méprise.

— Non! oh! non, madame!

Hélène fit un mouvement encore plus prononcé pour sortir.

Elle marchait résolûment vers la porte; un domestique annonça :

— M. le vicomte de Fabry!

— Qu'il entre! mais qu'il entre! dit avec empressement Valentine, dont la voix, le visage, l'allure et l'expression de tous les traits accusèrent un changement si complet, qu'elle n'avait plus rien de la personne qui, il y avait à peine quelques instants, avait tremblé, pâli, souffert, pleuré et traversé les zones les plus tourmentées de la douleur.

Le vicomte de Fabry entra : il parut frappé du changement survenu dans Valentine; mais, sans faire semblant de le remarquer, il dit avec une légèreté des plus naturelles :

— Le beau temps, madame, m'a inspiré l'idée de venir vous proposer une promenade au bois.

— Et vous avez été fort bien inspiré, cher monsieur de Fabry, répondit Valentine dont les paroles vibrèrent au courant d'une joie excèssive. Je vous présente madame Hélène Overmann.

Fabry salua.

— La sœur de mon excellent ami Léopold, mon camarade à Saumur?... Madame...

En rendant le salut à Fabry, Hélène remarqua que le vicomte était un fort galant cavalier et qu'il était accueilli avec une faveur bien particulière.

— Je suis donc assez heureux, madame, reprit Fabry, pour que vous acceptiez une place dans ma calèche?

— Je mets mon chapeau, cher monsieur de Fabry, et suis tout à vous.

— Admirable! pensa Fabry.

Et il pouvait le penser sans fatuité sur de telles avances et après les conditions qu'il avait posées dans sa visite du matin à Valentine, quand il lui avait dit d'une manière indirecte et sous forme allégorique : « Si vous acceptez de faire une promenade au bois avec moi, vous acceptez d'être ma maîtresse. »

Hélène, de son côté, s'arrêtait sur une pensée qui se formulait ainsi : « Puisque c'est ainsi, c'est alors autre chose. »

— Nous aurons, reprit Fabry, une délicieuse fin du jour... assez de clarté encore pour voir les magnifiques embellissements du bois. Nous parcourrons les nouvelles allées.

Hélène observait toujours; une révolution totale s'opérait dans son esprit. Comment cela n'eût-il pas été, à voir ce qu'elle voyait, à entendre ce qu'elle entendait?

— Oui, dit Valentine au vicomte, vous me ferez voir tout cela.

— Avec bonheur, madame! La saison est déjà trop froide pour qu'il y ait foule de promeneurs.

— Eh! tant mieux, monsieur de Fabry, tant mieux!

— Comme je m'étais trompée! se disait Hélène; tout va très-bien! Cette jeune femme n'aime plus M. de Blancastel; mais, en revanche, elle aime beaucoup M. de Fabry. Je n'en demandais pas tant, oh! non!

— Je vous préviens même, ajouta l'heureux Fabry en aidant Valentine à placer son chapeau, qu'aux yeux de quelques cavaliers indiscrets, nous aurons tout à fait l'air de deux amants qui cherchent, loin de la Chaussée-d'Antin, l'ombre et la solitude.

Valentine, dans un jeune et charmant éclat de rire :

— Eh bien, nous laisserons dire les indiscrets.

— Nous les laisserons dire, madame.

— Mais vraiment, cher monsieur de Fabry, il faut que vous ayez lu dans ma pensée pour avoir conçu le délicieux projet de venir me prendre.

— Je m'appliquerai à ce qu'il en soit toujours ainsi, madame. — Allons! c'est fait, ajouta-t-il mentalement.

Il aurait pu même ajouter : « Je ne croyais pas que cela eût été si facile. »

Quant à Hélène, elle se dit avec autant de joie et non moins de conviction :

— Je pars tout à fait rassurée.

S'adressant à Valentine :

— Madame, il ne me reste plus qu'à vous prier une dernière fois d'excuser l'importunité de ma visite.

En prenant fraternellement les deux mains d'Hélène, les yeux étincelants d'une joie étrange et qui ne ressemblait pas à celle d'Hélène :

— Je pense toujours, madame, qu'elle aura répondu à l'espoir que vous aviez en venant chez moi.

— Complétement, madame, complétement! Adieu, madame.

— Adieu, madame, dit Valentine.

Hélène sortit, ivre du bonheur de sa victoire.

Immédiatement après le départ d'Hélène, Valentine sonna; elle dit d'un ton grave et des plus sérieux au domestique qui accourut :

— Faites avancer la voiture de M. de Fabry.

Le domestique obéit.

Valentine se tourna aussitôt du côté de M. de Fabry

et, lui montrant la porte restée ouverte derrière le domestique, elle lui dit :

— J'ai l'honneur de vous saluer, monsieur.

Après quelques secondes d'étonnement, d'un étonnement formidable, et qui, pour ainsi dire, n'était pas de ce monde, Fabry murmura entre ses lèvres :

— La comédie est des mieux jouées ; mais c'est le dénoûment qui fait le succès. Nous verrons.

Il salua et sortit.

Seule, Valentine jeta tout à fait le masque étouffant qu'elle avait collé à son visage et à son cœur pendant l'horrible quart d'heure qu'elle venait de traverser.

— Et maintenant, dit-elle en prenant une plume qu'elle fit courir comme un éclair sur une feuille de papier ; maintenant, deux mots à Georges et cent lieues avant demain entre lui et moi. Il épousera Hélène Overmann. Il sera riche, il sera heureux.

II

Trois mois après ces événements, le colonel Chabert entrait dans le même hôtel où nous l'avons déjà aperçu, c'est-à-dire chez son ami Georges de Blancastel, mais non pas dans le même appartement. Gabriel, l'ex-zouave, l'introduisit dans celui de Valentine, placé à l'étage supérieur. Une douce chaleur rayonnait du fond de la cheminée à travers les losanges en cuivre doré d'un garde-feu Louis XV ; appartement élégant, mais bien loin d'égaler la somptuosité de celui qu'occupait le marquis Georges de Blancastel. A demi ouvert, un paravent chinois cachait la moitié de cette riche cheminée, destinée à

9

jouer un rôle important dans cette seconde partie de notre histoire.

— Tu n'as donc pas suivi le capitaine? demanda le colonel à l'ancien soldat d'Afrique.

— Non, mon colonel : je l'aime bien, vous savez, mais il m'a laissé le choix de le suivre ou de rester ici. Je suis resté ici. Madame est si bonne! Son père, le brave lieutenant Bernard, m'a si souvent donné là-bas des rafraîchissements dans le désert... du tabac et de l'absinthe! Et puis j'ai vu que ça faisait plaisir au capitaine que je demeurasse à l'ancien quartier général. Mais voilà bien trois mois, mon colonel, que vous vous amusez à passer des lapins par les armes.

— Oui, mon ami, voilà juste trois mois aujourd'hui que j'ai quitté Paris.

Et le colonel promenait avec un étonnement curieux et inquiet ses regards autour de lui; il aurait voulu que les meubles lui expliquassent un changement d'existence impossible à se faire dire, sans une grave indiscrétion, par un serviteur.

— C'est précisément, mon colonel, ce que madame me disait encore hier au soir. « Le colonel, qu'elle disait, se plaît beaucoup cette année-ci à la chasse. Il nous oublie. »

— Comment va-t-elle, madame?

— Tantôt je répondrais très-bien ! tantôt rien du tout; car elle s'enferme dans sa chambre, et on ne la revoit pas de deux ou trois jours.

Avec une indifférence affectée, le colonel demanda de son ton le plus léger :

— Et qui reçoit-elle maintenant?

— Oh! mon Dieu, tous ceux qu'elle voyait avant le mariage du capitaine.

— Tous?

— Ma foi, autant dire, mon colonel.

Le colonel, en regardant un paysage auquel il semblait donner toute son attention :

— Qui encore?

— M. Duportail, d'abord.

— Oh! lui... pensa le colonel Chabert, il est comme les Américains : il reconnaît tous les gouvernements, pourvu qu'ils aient vingt-quatre heures d'existence.

— Elle reçoit encore...

Gabriel s'arrêta pour dire :

— Justement, voici M. Duportail qui vient, selon son habitude, lire les journaux de madame.

En effet, Duportail entrait en demandant à Gabriel :

— Les journaux sont-ils venus ?

— Monsieur Duportail, il en est arrivé quatorze sans compter les petits.

— Donne-moi d'abord les petits ; ce sont les plus amusants. Ah ! je vais donc m'en donner !... — Tiens ! Chabert !...

— Qui attend que tu daignes le remarquer.

— J'aurais dû deviner que tu étais à Paris.

— Pourquoi cela ?

— Parce que la chasse est fermée depuis quarante-huit heures. As-tu lu *le Moniteur* ? Sais-tu la grande nouvelle ?

— Ah ! fais-moi grâce, Duportail, de toutes les nouvelles politiques, et dis-moi tout de suite, puisque son domestique n'est plus là, si Georges m'en a beaucoup voulu de ce que j'ai refusé de servir de témoin à cette fameuse union qui nous a tant surpris, quand nous nous attendions à un tout autre mariage ?

Duportail ouvrit un journal et lut tout haut :

« *Nouvelles étrangères.* — Vingt-troisième révolution au Mexique depuis le mois de novembre dernier. »

Chabert arracha le journal des mains de Duportail.

— Je te demande si Georges, qui m'a écrit dans le Berry, où je fus forcé de me rendre le jour même, tu le sais bien, de sa déplorable course à Longchamps, m'en a beaucoup voulu de ce que...

— Non... il ne t'en a pas voulu ; il a trouvé, je crois, cela fort naturel.

— Tant mieux !... Comme il ne m'a plus écrit, je craignais...

Duportail ouvrit un autre journal et le déploya devant lui.

— Je craignais... Soyons juste, un mariage comme celui qu'il a fait jette si brusquement un homme hors de voie... Il doit nager dans la prospérité ?

Voyant que Duportail ne l'écoutait pas, le colonel, en lui enlevant le journal, répéta de sa voix du désert :

— Il doit nager dans la prospérité ?

— Oui, il nage, il fait la coupe dans la prospérité, répliqua Duportail, qui étala devant lui un troisième journal.

— Voyons, Duportail, est-il vrai, comme on le disait hier au cercle, qu'après leur mariage, qui aurait été célébré à Bruxelles, les nouveaux mariés soient revenus immédiatement à Paris, où ils habiteront le magnifique hôtel Beauménil, acheté par eux onze cent mille francs?

Duportail se mit à lire tout haut :

« *Saint-Domingue.* — L'empereur Soulouque vient de faire couper la tête à son pédicure, parce que celui-ci n'aurait pas répondu poliment à une invitation à dîner qu'il lui aurait adressée. »

Chabert, impatienté, fit voler le journal au loin.

— Est-il vrai?...

Sans sortir de son calme évangélique :

— Oui, cela est vrai, dit Duportail; ils habitent un hôtel magnifique, ducal, royal, avec jardin anglais, jardin français, parc, serre, faisanderie, écurie de marbre, où Georges a déjà installé quarante chevaux. Es-tu content du logement?

— Après tout, dit Chabert, quand on épouse une fortune de plus de trente millions... Ah çà! et comment va-t-on de ce côté-ci de la séparation?

Duportail s'était déjà penché sur la table pour chercher un nouveau journal; d'un accent distrait, il balbutia :

— Assez bien, je crois, assez bien! Mais je te dirai qu'au fond cela m'est parfaitement indifférent. Du temps de Georges, je venais chaque matin lire ici les journaux; je continue à trouver ici tous les journaux : pourquoi me mettrais-je en peine de savoir le nom de celui qui paye les quittances d'abonnement?

— Evidemment, ajouta Chabert, celui qui les paye, c'est celui qui vient le plus fréquemment.

« *République dominicaine*, continua Duportail lisant à haute voix. — La grande armée dominicaine, composée de dix-sept hommes, a fait défection. Un des chefs s'est vendu à l'ennemi pour quinze cents francs et une barrique de rhum. »

Une troisième ou une quatrième fois, le journal s'envola des mains de Duportail.

— N'est-ce pas, Duportail?

— Mais nous venons tous très-fréquemment ici, à commencer par Adrianoff, par Fabry, répondit Duportail sans sortir de son calme.

— Fabry! s'écria Chabert, Fabry, dis-tu?

— Mais ce n'est presque plus un mystère pour personne, mon adorable colonel.

— Fabry!

— Ah! tu ignores donc tout, mon pauvre Chabert? Tu ignores que, le jour où Georges perdit ces vingt-quatre mille francs aux dernières courses de Longchamps, ce jour-là, il apprit, au retour, que Valentine était partie?

— Partie!

— Oui, partie après avoir écrit à Georges qu'elle lui laissait le droit de disposer de sa liberté, comme elle, de son côté, reprenait le droit de disposer de la sienne.

— Ça paraît impossible.

— Voilà pourquoi cela est arrivé.

— Et partie avec Fabry?

— Non... non... Mais, vingt-quatre heures après, Fabry disparaissait aussi. Leur absence fut de deux mois.

— C'est sans doute pendant ces deux mois que Georges épousait à Bruxelles mademoiselle Overmann?

— Parfaitement! Mais que je t'achève vite, puisqu'il

faut que je t'apprenne tout. Quand Valentine reparut, le beau Fabry ne tarda pas non plus à reparaître. Vas-tu, maintenant, me laisser lire tranquillement mes journaux?

— Comme tout finit dans ce monde!

—Voyons, est-ce que cela t'affecte vraiment à ce point, d'apprendre que c'est Fabry qui paye les quittances d'abonnement aux journaux que voilà? Qu'est-ce que cela te fait?

— Qu'est-ce que cela me fait? mais je m'intéresse beaucoup à cette jeune femme dont nous aimions tant le père, ce brave officier d'artillerie mort à mes côtés.

—Comme je ne suis pas mort à ses côtés... dit Duportail en cherchant au bout de la table un autre journal, mais comiquement empêché dans ce mouvement par Chabert. Tiens, veux-tu lire un nouveau journal, le *Constitutionnel*?

— Ton égoïsme m'indigne!

—Bah! ne veux-tu pas que je pleure amèrement sur le sort d'une Ariane abandonnée, qui occupe cet appartement dans l'un des plus élégants hôtels de la rue Blanche, et qui promène son désespoir dans l'île de Naxos, traînée par deux chevaux anglais?

Chabert soupira; sa rude loyauté n'était pas à l'aise dans cette morale élastique de Duportail. Heureusement pour celui-ci, sur le point de s'attirer quelque remarque sanglante de son peu endurant interlocuteur, austère comme Bayard sur plus d'un point, l'excellent Adrianoff fit entendre sa franche et bonne voix dans l'antichambre.

— Si vous voulez attendre madame en compagnie de ces messieurs, lui disait Gabriel.

— Quels messieurs?... Ah! c'est vous, Duportail! Vous ici, colonel? Que je vous embrasse et que je vous remercie, mon cher Chabert, de l'excellent gibier que vous m'avez envoyé du Berry.

— Charmé qu'il vous ait plu, Adrianoff.

— Si mes propriétés n'étaient pas si éloignées, je vous aurais fait expédier un ours blanc en reconnaissance de vos perdrix rouges.

— Et ce fameux bal d'enfants, aimable Russe, a-t-il eu lieu?

— S'il a eu lieu! dit Duportail; tout Paris en parle encore, quoiqu'il ait déjà deux mois de date. Pour gagner la prime promise, figure-toi, Chabert, qu'il s'est présenté des enfants depuis l'âge de deux ans jusqu'à trente-cinq.

— Plaisanterie à part, avez-vous trouvé votre héritier, Adrianoff?

— Je l'ai trouvé.

— Et comme vous le vouliez?

— Mieux que je ne l'espérais. Il est venu à mon bal accompagné de son frère, tous deux pittoresquement costumés en bergers tyroliens.

— Bon! je vois d'ici votre embarras. Vous cherchiez un enfant, et il s'en est présenté deux.

— Erreur! ce jeune frère était laid, chétif, grossier, grande bouche, teint blafard et cheveux rouges.

— Tuons-le tout de suite; mais l'autre?

— Ah! l'autre! un enfant charmant, brun comme un Espagnol, résolu comme un démon; dans ses yeux, tous les signes de l'intelligence et du commandement.

— Le fils sans doute de quelque prince qui veut garder l'anonyme?

— Du tout! le fils d'un fermier ou de quelque chose d'approchant. Ce qui m'a ravi le plus en lui, ce sont ses réponses pleines de cœur quand je lui ai demandé s'il voudrait venir avec moi bien loin, bien loin de son pays.

Il m'a répondu sur-le-champ : « Pourvu que vous me donniez un beau cheval et un grand sabre pour me défendre contre ceux qui tenteraient de me l'enlever. — Mais votre papa et votre maman, les quitteriez-vous sans regret ? » Il a gardé un instant le silence ; il réfléchissait sous ses longues paupières... Puis il m'a dit en laissant tomber une larme sur mes mains : « Ils ne m'aiment pas ; pourquoi craindrais-je de les quitter ? »

— Brave enfant ! dit Chabert.

Et Duportail :

— Bien digne d'être habillé en Turc.

— Tais-toi, Duportail ! Et vous avez fait aussitôt votre proposition au père ?

— Je l'ai fait venir chez moi et je lui ai demandé s'il voulait me confier son fils.

— Et il a refusé ?

— Pas le moins du monde ! Il s'est informé seulement si c'était pour quelque temps ou pour toujours. Je lui ai répondu : « Pour toujours. — Alors on peut s'entendre, » m'a-t-il dit.

— Cœur simple, homme de la nature !

— Il ne s'est fait à lui-même qu'une seule objection, qu'il a eu bientôt levée. Il craignait que sa femme, la mère de l'enfant, n'opposât quelques entraves au marché. « Mais, s'est-il écrié au bout de deux minutes de réflexion, il se perd tous les jours tant d'enfants dans Paris !... Un de plus, un de moins, l'enfant se sera perdu !... »

— Très-bien ! fit Chabert ; et le marché s'est trouvé conclu ?

— Pas encore ; il fallait arrêter la somme que je lui donnerais.

— C'est trop juste. Il vous a demandé ?...

— Vingt mille francs comptant !

— Pas d'autres conditions ?

— Non. Ah ! si ; il a voulu être payé en or espagnol.

— Quel gredin ! Mais continuez.

— C'est fini. Par une nuit bien sombre, il y a trois jours, l'enfant, enveloppé d'un manteau, a été remis à mon intendant Michaïloff, qui l'attendait à l'embarcadère du Nord. Ils sont montés ensemble dans un wagon, et la vapeur les a emportés. Maintenant, mon futur héritier est en Allemagne, sur la route de Russie. Dans quinze jours, il sera à Smolensk, installé dans mes propriétés, entouré de professeurs, obéi et servi par mille à douze cents esclaves.

— En voilà un, dit Chabert, qui pourra se vanter d'être né sous une heureuse étoile.

— Sous l'étoile Adrianoff! ajouta Duportail.

— J'attends d'un instant à l'autre, reprit Adrianoff, une lettre de mon intendant Michaïloff, à qui j'ai ordonné de m'écrire, pour m'apprendre, de Cologne ou de Berlin, comment l'enfant aura supporté les premières fatigues du voyage.

Cette conversation des trois amis réunis dans l'appartement de Valentine fut traversée par la voix de Gabriel, qui, en ouvrant la porte du salon, dit à deux commissionnaires :

— Au reste, voyez vous-mêmes. Comment voulez-vous qu'un objet comme celui que vous apportez puisse tenir dans cette pièce, déjà tout encombrée de meubles ? — Pardon, messieurs, ajouta Gabriel ; c'est M. de Fabry qui envoie à madame, pour sa fête, un piano grand comme une maison.

— La fête de Valentine? dit Chabert avec réflexion.

Gabriel, continuant de s'adresser aux commissionnaires :

— Vous êtes bien convaincus maintenant que ce piano est trois fois trop grand pour être placé ici. Nous allons le monter dans les appartements du troisième, et madame le mettra ensuite où il lui plaira.

Suivi des deux commissionnaires, qui se disposèrent à porter le piano ailleurs, Gabriel disparut.

Chabert reprit :

— La fête de madame ! a dit Gabriel ; avez-vous entendu, Adrianoff?

— Diable, oui ! me voilà pris. Aussi ce calendrier russe qui est de douze jours en retard sur le vôtre !... Je laisse passer toutes les fêtes quand je suis à Paris.

— Ne disons pas de mal de ce calendrier, ajouta M. Duportail.

— Voyons, releva Chabert, ce n'en est pas moins aujourd'hui, messieurs, la saint Valentin, par conséquent la fête de la maîtresse de la maison. Notre devoir...

Il prit son chapeau pour sortir.

— Il ne sera pas dit que je ne lui aurai pas souhaité sa fête. Allons !...

Duportail, après une grimace de contrariété :

— Bon ! me voilà obligé d'en faire autant.

Il mit la main sur son chapeau, tandis qu'Adrianoff, de son côté, exécutait le même mouvement, et ajoutait avec sa courtoisie plus franche :

— Mais quelles fleurs lui offrir?... Elles sont rares en ce moment. Une branche de roses...

— Opéra-comique ! dit Duportail.

— Alors des camélias?

— Ah ! non, par exemple...

— Je cours lui acheter un bracelet de perles.

Il sonna. Gabriel parut, et il lui dit :

— Gabriel, nous reviendrons; mais ne dites pas à madame que nous sommes déjà venus.

— Tu entends?

— Oui, mon colonel.

Les trois amis de Valentine sortirent pour aller lui acheter son bouquet de fête.

Un instant seul, Gabriel se dit :

— Eh bien, ça me fait quelque chose, de les voir tous ici et de ne pas voir mon capitaine; ça me fait même beaucoup. Est-ce un rêve? Ce doit être un rêve; il me semble que, tous les soirs, en fermant les jalousies de cet appartement, je vois glisser hors du jardin, le long du mur extérieur, une ombre, et que cette ombre est celle... Mais ce n'est pas possible! Si je ne couchais pas du côté de la rue, je passerais volontiers une nuit entière à m'assurer... Mais voici madame, chut!

— Je suis inquiète, Gabriel, fort inquiète! Je voulais partir sur-le-champ pour Neuilly...

— Oui, pour souhaiter la fête à votre charmant filleul, le petit Valentin; car c'est aujourd'hui...

— Peut-être ne serais-je allée la lui souhaiter que demain; mais je reçois à l'instant une lettre...

— Une lettre des Camusot?

— Ils me disent dans cette lettre qu'ils ont quelque chose de pressant à me communiquer; de ne pas m'effrayer... qu'il n'y a rien à craindre... Valentin serait-il malade?

— Pourquoi, madame, aller ainsi vous figurer?...

— Ces gens-là s'expriment toujours d'une façon si obscure !...

— Et avec une encre si blanche !

— Impossible de me rendre immédiatement à Neuilly.

— Si j'y allais, madame?

— C'est à moi seule qu'ils veulent parler.

— Eh bien, madame, avec une voiture, en dix minutes, vous pouvez...

— C'est que j'attends quelqu'un. Mais faites toujours avancer un fiacre... Dès que cette personne sera venue... dès que je serai libre... Oui, allez, Gabriel. — Georges, pensa Valentine, les regards tantôt sur la pendule, tantôt vers la porte, me demande une entrevue. Que me veut-il? Pourquoi cette entrevue? Pouvais-je refuser? Mais le revoir! lui parler! me retrouver encore ici avec lui! Il a plus de courage que moi. Il me semble entendre... Ah! mon cœur bat trop fort! Je sens que ma respiration s'arrête : je vais mourir... J'aurais dû refuser... Non, je n'aurai jamais la force...

Georges de Blancastel parut.

Lui et Valentine demeurèrent quelques minutes sans

se parler. Enfin Georges, après quelques difficultés mal domptées, dit :

— J'ai pensé que vous pourriez me dire... que vous seule pourriez me dire... ce que signifie ce billet que j'ai reçu d'un monsieur... (il sortit de sa poche un portefeuille, y prit un billet et alla à la signature.) — D'un M. Roland, notaire, qui me prie de passer chez lui pour une affaire importante...

La contrainte de Valentine à répondre ne fut pas moins suffoquante.

— Je ne connais pas ce notaire, et je ne devine pas pour quel motif il vous appelle chez lui. Ce billet n'indique rien ?...

— Absolument rien. Voilà pourquoi, avant d'aller chez lui prendre connaissance d'une affaire... d'une affaire importante... Les affaires et moi, vous savez...

Au sourire pénible de Blancastel, le sourire embarrassant de Valentine répondit :

— Oui, je sais.

— Eh bien, avant d'aller chez ce notaire, j'ai cru indispensable... Vous avez eu si longtemps la direction...

l'embarras de mes intérêts... Ainsi, vous ne connaissez pas ce M. Roland?

— Non... je regrette...

— C'est moi qui dois regretter... Adieu, madame, alors.

— Adieu, monsieur.

Tout paraissait fini entre Valentine et Georges, qui avait fait déjà plusieurs pas pour se retirer. Sans que sa volonté parût avoir contribué au mouvement de retour qu'il opéra brusquement, Georges se retrouva à la place qu'il avait quittée, et demanda :

— Etes-vous heureuse, Valentine?

— Parfaitement heureuse.

Le ton de Valentine fut bref, celui de Georges d'une légèreté des plus fausses, quand, après avoir surmonté un sentiment visiblement des plus pénibles, il reprit :

— Eh bien, moi aussi, je suis heureux. J'ai largement profité de cette liberté dont vous jugiez, avec raison, que nous avions besoin tous les deux, pour m'éloigner de Paris avec joie. J'ai voyagé, j'ai parcouru les magnifiques bords du Rhin; j'ai visité Cologne, Mayence, vingt autres cités fameuses dont je ne savais pas même les noms. Et c'est merveilleux de voir comme le cœur se laisse prendre vite à d'autres séductions, lorsqu'il croyait ne pouvoir jamais aimer que les mêmes choses. Il s'étonne lui-même de ces attachements si nouveaux. Les chemins de fer ont pour jamais rendu impossibles les douleurs immuables et les désespoirs éternels.—Avez-vous voyagé, vous aussi ?

— Oui, mais vers le Midi, tandis que vous alliez vers le Nord ; et, sans chercher, comme vous, à satisfaire une curiosité que je n'avais pas, je me suis abandonnée à la vapeur. Elle m'a emportée de Paris à Bordeaux, de Bordeaux à Nîmes, de Nîmes à Marseille, de Marseille à Lyon, et, de Lyon, elle m'a ramenée à Paris. Ce mouvement, cette rapidité, cette agitation, m'ont fait un bien infini. Je n'ai rien vu, j'ai voyagé comme certains oiseaux,— les yeux fermés ; mais j'ai respiré pour tout le temps que j'avais vécu sans air à Paris. Et, après avoir parcouru sept ou huit cents lieues, je me suis dit en rentrant dans Paris, en revoyant cet appartement, en retombant après deux mois d'absence dans mon fauteuil : « Déjà ! déjà ! »

Georges eut, on le voit, la contre-partie exacte du tableau si heureux qu'il avait tracé de sa vie errante depuis sa séparation d'avec Valentine. C'était, de part et d'autre, la même sincérité navrante.

Il continua sur la modulation de frivolité qu'il avait affectée en commençant :

— Et aussitôt de retour à Paris, vous avez rouvert vos salons, m'a-t-on dit?

— Oui... je crois... Gabriel, qui m'a accompagnée dans mon voyage, Gabriel, qui a pensé pour moi... aura sans doute fait savoir à mes amis que j'étais de retour... On sera venu...

— Cependant, vous n'aimiez pas beaucoup le monde ; c'est uniquement pour moi que vous receviez autrefois.

— Les goûts changent... les circonstances se modifient.

— Je suis content, du reste, qu'il en soit ainsi ; l'essentiel est que vous soyez heureuse.

— Je vous l'ai dit : très-heureuse !

— Nous n'avons alors qu'à nous souhaiter réciproquement la continuation d'un pareil bonheur.

— Sans doute, ajouta Valentine.

Et Georges répéta :

— Sans doute.

Après une minute de recueillement accordée à ce contentement sans exemple, Georges, rentrant dans le sillon de cette conversation finie depuis longtemps, mais qu'il recommençait sans cesse, dit encore :

— Sans doute, nous sommes aussi contents l'un que l'autre... Seulement, le hasard d'une fortune, mieux assise aujourd'hui, me permet, à moi, de compter longtemps sur une existence aussi facile, aussi belle; tandis que d'autres, pour maintenir leur position à un niveau brillant, ne sauraient pouvoir justifier des mêmes moyens que moi. On a des ressources pour aller deux ans ainsi... quelquefois n'en a-t-on que pour aller à peine quelques mois. Le ciel de Paris est plein de ces météores énigmatiques. Je vous ai dit le secret de mon bonheur en vous disant que je le devais au hasard de ma fortune; mais le secret.....

— Le secret du mien... de mon bonheur?...

— Vous allez me répondre qu'il est aussi dans votre fortune, car tout ici est absolument comme au temps où une main qui aurait voulu être plus prodigue répandait l'or autour de vous. Je ne parle pas de ce beau mobilier... il vous a toujours appartenu. Mais ces valets... ces femmes de chambre... ce cocher... toute cette domesticité dispendieuse...

Valentine épanouit sa réponse au milieu d'un étonnement qui fut comme la rupture d'un vase dans lequel elle aurait été enfermée depuis trois mois.

— C'est vrai, dit-elle, tout est ici comme au temps...

— Oui... Valentine...

— Vous me le faites remarquer.

— Ah! je suis le premier qui?...

— Oui, c'est la première fois que j'y pense.

— La première fois!... Pourtant... je croyais que la continuation d'une vie satisfaite, brillante comme était... comme est encore la vôtre, ne pouvait guère se soutenir qu'à l'aide d'une dépense difficile à ignorer. Je crois donc, je pense qu'en interrogeant sincèrement votre existence...

Valentine répliqua sans audace, sans colère, toujours dans le brouillard de surprise répandu autour d'elle et dont elle ne se dégageait que peu à peu :

— Je l'interrogerai devant vous. En voici l'emploi fort simple de chaque jour. Je me lève, mes femmes m'habillent; je descends au salon, le piano est ouvert devant moi. Est-ce l'heure de sortir? La voiture m'attend au perron ; elle me promène aux Champs-Elysées, au bois de Boulogne, où il plaît au cocher de me conduire; puis elle me ramène ici; ici, le domestique me prévient à six heures que le dîner est servi, et je me mets à table. La nuit vient; les bougies s'allument; on annonce mes amis; on cause, on discute, on fait du bruit autour de moi. A minuit, tout rentre dans l'obscurité et le silence, pour recommencer le lendemain avec la même fidélité monotone.

Pendant cette confession à demi-voix de son temps et de ses actions, Valentine sortait de ce sommeil de l'esprit où elle semblait avoir été si longtemps plongée; ses regards s'agrandissaient, sa parole avait la conscience de ses idées; enfin, de réalités en réalités acquises, elle parvint à cette explosion éclatante :

— Depuis mon retour, depuis un mois, j'ai donc vécu dans le sommeil! Ah! vous venez de m'éveiller!

La joie de Georges fut à la hauteur de cette révélation.

— Mais, si c'était la vérité, ce que vous venez de me dire là, savez-vous ce que je penserais, malgré l'opinion du monde, sur vous, malgré mes doutes, malgré mes craintes, malgré?...

Gabriel annonça au même instant :

— M. de Fabry !

— Lui! dit Valentine, lui !

— Allons ! ce n'était pas la vérité, se dit de son côté M. de Blancastel. Devais-je en douter?

Fabry avait à peine salué Valentine, qu'il aperçut Georges de Blancastel.

— Ah ! il est revenu, dit-il entre ses dents ; très-bien ! Vraiment, cher Georges, il faut vous prendre où l'on vous trouve. Puisque je vous trouve ici, que je vous félicite donc ici sur le goût exquis, miraculeux de votre soirée d'hier.

— Votre indulgence... Parler ici de ma soirée !

— De l'indulgence? Vous ne méritez que des éloges. Quel choix dans vos invités ! quel ordre dans cette foule ! quelles toilettes ! quelle délicieuse musique ! quel magnifique hôtel surtout, celui qui réunit tous ces enchantements ! Vous savez, sans doute, madame, que c'est l'ancien hôtel Beauménil. Georges l'a acheté. Bien des gens ont traité cela de folie; il a laissé dire. Sous ses inspirations ingénieuses, l'hôtel est devenu un palais. Il a fait percer des galeries qu'il a entourées de la ceinture transparente d'une serre à l'italienne. On peut, en dansant, voir éclore aux lumières les fleurs fantastiques de la Chine et du Japon. Si bien que ses salons sont déjà les plus courus du faubourg Saint-Germain. Non! votre bal de la nuit dernière, Georges, a ravi les plus difficiles, et, comme tout le monde, j'ai été ravi, moi qui suis assez difficile. Sans parler de l'honneur particulier que j'ai eu de faire danser une dame d'âge respectable portant sur elle des diamants pour un million; — votre belle-mère, je crois?

La rage avait amassé son écume sur les lèvres de Georges; il répondit pourtant avec une tranquillité hypocrite :

— Oui, ma belle-mère.

L'impitoyable Fabry, après s'être dit plusieurs fois à lui-même, et ceci signifiait de terribles menaces de vengeance : « Ah! il est revenu! » reprit tranquillement :

— Et, à ce sujet, j'ai entendu faire autour de moi, pendant que je la faisais danser, ce mot... ce mot, dont je vous garantis l'exactitude et non l'esprit : « M. de Fabry fait danser les millions presque aussi légèrement que le gendre de madame. » — Enfin, Georges, votre soirée était superbe! je me croyais au bal d'un ambassadeur. Une critique, pourtant, mon cher Georges...

— Laquelle?

— Une bien grave critique : on ne vous a pas vu à

votre fête. Vous n'êtes donc pas chez vous quand vous recevez?

Georges pouvait à peine se contenir devant cette persistance de Fabry à ne pas sortir d'un sujet de conversation dont chaque mot le raillait, le piquait au visage, le blessait au vif, le bafouait.

— Je suis chez moi quand je reçois; vous m'aurez mal cherché.

— Je vous ai très-bien cherché, au contraire. D'ailleurs, je n'ai pas été seul à remarquer votre absence. Votre femme paraissait fort inquiète.

— Ah! madame de Blancastel a daigné?... dit Georges, pour dire quelque chose.

— Oui. — Une troisième fois M. de Fabry murmura : « Il n'y reviendra plus. » Sa gaieté, continua-t-il sur la ligne de fer qu'il poursuivait, s'est visiblement ressentie toute la soirée de cette contrariété, contrariété bien naturelle, convenez-en; une jeune mariée!...

Il n'est pas besoin d'insister sur la situation d'esprit où se trouvait Valentine au milieu de ces deux hommes dont la haine voilée cherchait à chaque instant à déchirer la gaze transparente derrière laquelle ils se mesuraient des yeux. Elle souffrait de cette lutte dont elle était la cause réelle, la seule cause; elle était, il est vrai, aussi la seule digue placée entre eux; l'un et l'autre orage s'amassaient, grondaient et écumaient à ses pieds. Qu'elle se fût éloignée, et la tempête éclatait sans obstacle. Ce tiraillement, cette peur de rester, ce désir de ne pas les laisser ensemble l'étouffaient de leur double pression. Quel dénoûment ne se peignait-elle pas ensuite! Quel serait ce dénoûment?

—J'ai fini par penser, continua l'imperturbable Fabry, ne vous voyant pas à votre soirée, que vous étiez indisposé.

— Si je pouvais détourner la conversation, se dit Valentine.

—Plusieurs personnes,—c'est toujours Fabry qui parlait, — que j'ai déjà vues ce matin au Tattersall, et qui figuraient à votre belle soirée, ont fait la même réflexion que moi.

Valentine crut avoir découvert ce moyen de courber la conversation et de la lancer dans un autre rayon.

— Ah! dit-elle, vous venez du Tattersall, monsieur de Fabry?

— Oui, madame.

— C'est très-curieux à visiter?

— Mais oui, madame.

— Très-original à connaître, n'est-ce pas, monsieur de Fabry?

— Sans doute.

— Tout le monde en parle ; je voudrais bien savoir...

— Je vous dirai ce que j'en sais.

— Vous serez bien bon.

— C'est le rendez-vous officiel des célébrités du sport ; le marché aux chevaux élevé à la hauteur du siècle. C'est là que les nouveaux riches vont acheter les équipages des nouveaux ruinés, ou bien vendre ceux qu'ils avaient la veille parce qu'ils se trouvent tout à coup plus riches encore le lendemain. C'est la bourse des fortunes qui montent au grand trot, et le mont-de-piété de celles qui descendent à fond de train ; le thermomètre des positions sociales qui sont à zéro à pied ou à vingt degrés en voiture. Voilà, madame, ce que c'est que le Tattersall.

— C'est une création fort originale dans les mœurs parisiennes.

— Fort utile surtout, ajouta Blancastel après Valentine, pour ne pas se laisser découvrir dans une conversation qui était un duel; où se taire, c'était rompre; où répondre, au contraire, c'était croiser le fer; et Fabry avait la pointe sur lui.

— Et quels chevaux a-t-on vendus ce matin au Tattersall?

— Quels chevaux?

— Je vous le demande.

— J'entends bien. Mais décidément, cher Georges, vous avez l'air de ne plus être de ce monde; vous demandez quels chevaux on a vendus?

— Oui.

— Parbleu! les vôtres.

— Pardon! En effet, j'ai donné ordre hier qu'on vendît mes anciens équipages.

— Oui, tout cela, quoique fort beau encore, ne pouvait guère plus vous convenir. Votre maison est aujourd'hui sur un tel pied de magnificence...

— Et savez-vous qui a acheté mes voitures et mes chevaux? Je n'aurais pas été fâché de les voir passer à des personnes de ma connaissance.

— Rassurez-vous alors.

— Vous savez donc qui les a achetés?

— Sans doute.

— C'est?...

— C'est moi.

— Vous, Fabry?

— Oui.

— Résolùment, mon cher Fabry, vous avez un penchant pour tout ce qui m'a appartenu; vous recueillez tous mes débris.

La phrase était acérée; non-seulement elle toucha Fabry, qui fut renversé du coup, mais elle pénétra jusqu'au fond du cœur de Valentine. On voit jusqu'à quel point elle avait à se féliciter du changement de conversation provoqué par elle. C'est qu'il y a des positions qu'on appellerait à bon droit fatales, dont aucune puissance ne remuerait les assises; elles sont comme ce fameux ciment créé et employé par les Romains : l'eau, qui amollit et détruit les compositions les plus dures, le durcit.

Fabry pourtant n'était que désarçonné : il remonta vite sur sa superbe personnalité.

— Beaux débris, répliqua-t-il à Blancastel, très-beaux débris! Six chevaux, les plus fins, les plus purs de nos écuries parisiennes; trois voitures, au nombre desquelles ce joli coupé qui vous plaît tant; madame, pour les promenades au bois.

Au tour de Georges à être pressé par la lame de Fabry redressée.

— Madame, balbutia-t-il, vous sera sans doute bien reconnaissante...

— Je n'attends de madame, cher Georges, que mon pardon pour avoir pris la liberté de régler mes goûts sur les siens. C'est vous, Georges, qui me devez des remercîments pour le service que je vous ai rendu.

— Quel service, s'il vous plaît?

— Vous désiriez que vos équipages passassent aux mains d'un ami; je les ai.

— C'est juste, c'est un service.

— N'est-ce pas?

— Sans doute.

— Avec celui d'avoir fait danser votre belle-mère, ça fait deux services.

— Cela fait deux, répéta Blancastel.

On commence à voir comment les gens du monde, et du très-grand monde, s'y prennent pour se dévorer.

— Je ne sais plus comment, se disait Valentine, empêcher ce froissement aigre et sourd de se renouveler à chaque minute.

— Quant au dernier événement de ces vingt-quatre heures...

— Ah! cette fois, pensa-t-elle résolùment, c'est moi qui conduirai l'entretien et qui le fermerai.

Elle interrompit Fabry.

— Quant à ce dernier événement, monsieur de Fabry, vous me permettrez de le dire moi-même.

— Madame...

— Vous le connaissez donc? demanda Georges.

— J'en suis le principal personnage et le seul témoin. Cette nuit, je ne dormais pas; je lisais près de mon feu : vers minuit et demi, j'entends un bruit dans le jardin, un bruit qui m'avait frappée les nuits précédentes. Je vais doucement à la croisée, j'écarte avec soin les rideaux, et j'aperçois un homme.

— Un homme?

— Oui, monsieur de Fabry, un homme qui avait déjà franchi ce mur; ce ne pouvait être qu'un voleur.

Valentine ne remarqua pas l'embarras où tombait Georges en l'écoutant; mais Fabry sembla le remarquer.

— Quelle histoire! dit Georges.

— Assurément, ce ne pouvait être qu'un voleur.

— Et un voleur, ajoutez, monsieur de Fabry, bien au courant de certaines particularités de l'hôtel. Je l'observe et je vois qu'il applique avec beaucoup de précaution sous mes fenêtres une échelle de jardinier.

— Comme vous dites, appuya Fabry en examinant toujours Georges du coin de l'œil; comme vous dites, madame, ce voleur connaissait quelques particularités... Mais continuez, je vous prie.

— Ne voulant pas répandre l'alarme dans la maison, je cours à une boîte où je savais qu'étaient deux pistolets; j'en prends un et je vais de nouveau à la croisée.

— Et il n'était pas à sa soirée, pensa Fabry examinant plus attentivement encore Blancastel.

— Parvenu au dernier échelon, dit Valentine, le voleur, dont je ne distinguais que les yeux, s'arrêta immobile; son regard ne quitta plus l'intérieur de ma chambre.

Que cherchait-il? que voulait-il? Comme il n'était pas douteux qu'il allait finir par briser un carreau et s'introduire chez moi, j'aime mieux le prévenir. J'ouvre doucement la croisée, j'abaisse l'arme, je fais feu, et, sans savoir le résultat, je referme aussitôt.

— Georges ne respire pas.

L'observation était faite par Fabry, qui porta toute son attention sur ce qui restait à dire à Valentine de cette aventure nocturne.

— Un instant après, poursuivit-elle, l'échelle se renversait avec bruit, l'homme regagnait le mur, et il n'y avait de blessée que moi ; blessée à la main pour m'être maladroitement servie d'une arme qui n'était pas même chargée.

— N'est-ce pas un rêve que vous avez fait tout éveillée?

En faisant cette question, M. de Blancastel n'éloigna aucun soupçon de la pensée de Fabry, qui laissa courir un sourire à travers ses fines moustaches ironiques.

« Je vous jure bien, » allait affirmer Valentine, quand Fabry lui-même reprit ainsi le propos :

— C'est si peu un rêve, que je vais vous dire, mon cher Georges, la fin de cet événement, auquel vous avez tort de ne pas croire. Madame, ce voleur, ce brigand, cet assassin nocturne, c'était moi.

— Vous? c'est faux!

Georges s'était si ouvertement trahi par ce cri soudain, qu'un silence significatif régna immédiatement parmi les trois personnes de cette scène, qui touchait à son dernier terme.

Fabry fut le premier à rompre ce silence après lequel il n'avait plus à se demander quel était l'homme aperçu la nuit dans le jardin par Valentine.

—Vous avez raison, Georges, c'est faux, dit-il, rentrant par un coude moqueur dans la ligne brisée un instant de la conversation; vous avez raison, ce n'était pas moi. En faisant ce mensonge, je voulais rassurer madame sur le retour d'un pareil accident; mais le mensonge est invraisemblable. Comment supposer que je m'introduirais ainsi dans une maison où, grâce à madame, j'ai la liberté d'entrer quand je veux; c'est donc un voleur qui a tenté, la nuit dernière, de s'introduire chez madame. Etes-vous satisfait maintenant, mon cher Georges?

Du coin des lèvres, Georges lança cette réponse:

— On ne peut plus satisfait.

— Vous m'avez annoncé, il me semble, qu'une affaire

importante, dit Valentine à Georges de Blancastel, vous appelait au faubourg Saint-Germain ?

— Oui, madame; je vous remercie de m'en faire souvenir...

Et, se tournant vers Fabry :

— Ne m'accompagnerez-vous pas, Fabry ?

— Désolé.

— Vous restez donc ?

— Mais oui : j'arrive à peine.

Après avoir fait quelques pas pour sortir, Georges revint, et, se penchant à l'oreille de Fabry, mouvement dont le caractère en pareille circonstance s'entendait assez de lui-même, il lui dit :

— Vous n'avez plus de service à me rendre ?

— Non.

— Croyez-vous, Fabry ?

— Non.

— Cherchez bien.

— J'ai beau chercher... non. Ah! si!...

— Allons donc!

Fabry se fit une figure mystérieuse :

— Prenez cet escalier dérobé que vous connaissez comme moi.

— Comme lui, pensa Blancastel.

Puis, du même son de voix qui ne parvenait pas jusqu'à Valentine, —quoique Valentine, pâle et tremblante, comprît tout :

— Je prendrai cet escalier dérobé ; après?

— Traversez le jardin.

— Continuez.

— Sortez du jardin; suivez le mur extérieur jusqu'à la rue qui fait l'angle.

— Ensuite? ensuite?

— Ensuite?

— Oui, ensuite.

— Eh bien, ensuite, allez où il vous plaira.

— Et vous, Fabry?

— Moi, je vous l'ai dit, je reste.

— Vous restez? Mais alors pourquoi tous ces conseils mystérieux?

— Pourquoi? Parce que vous avez été suivi par un domestique de votre femme.

La chute de cette fin de dialogue, pour être d'une brûlante raillerie, ne jetait pas moins un coup de lumière au front soucieux de Blancastel; tandis qu'une de ses mains étouffait sa colère contre Fabry, l'autre se crispait à la pensée des mille persécutions dont une femme jalouse le menaçait.

— Elle m'a suivi, dites-vous, suivi jusqu'ici?

— Oui.

— Au revoir, cher et officieux Fabry; au revoir, dit Georges entre ses dents.

— Adieu!... Ah! n'oubliez pas, Georges, si je ne dois plus vous revoir, que les régates sont pour le mois prochain, et que nous comptons vous nommer vice-président du club naval d'Asnières. Au revoir, cher!

Georges salua Valentine, dont la pâleur s'étendait de plus en plus sur les joues; en passant près d'elle, il lui dit avec les battements de son cœur bien plutôt qu'avec sa voix, sans être entendu de Fabry :

— C'est aujourd'hui la fête de mon fils, faites-lui parvenir ceci de ma part : — une petite montre d'or bien simple. Qu'il soit aussi heureux de l'avoir que je suis heureux de la lui donner.

La petite montre d'or fut remise dans la main émue de Valentine. Blancastel s'éloigna ensuite, alla, chancelant comme un homme troublé par l'ivresse, à la porte du milieu ; arrivé au seuil, s'apercevant qu'il se trompait, il courut à une porte latérale dérobée, et il sortit par cette porte en disant, les regards pleins de sang et de larmes :

— Je les laisse ensemble !... ensemble !... Ah ! c'est affreux !...

— Monsieur de Fabry, dit Valentine dès que Blancastel fut parti, une explication claire et loyale est devenue indispensable entre nous.

— Madame...

— J'aurais dû vous la demander plus tôt ; mais, depuis trois mois, je n'ai pas vécu. La cause de cette inertie vous est connue : passons. Une secousse inattendue, violente, vient de me rendre à moi-même. Je puis maintenant penser, agir, parler, comprendre. Je parlerais sur-le-champ si un devoir sacré me permettait de disposer d'une minute de plus. Revenez avant la fin du jour.

— Madame...

— C'est une prière que je vous adresse.

— Un ordre, madame.

— Et cette explication que je vous demande aura lieu ici. Vous m'attendrez ou je vous attendrai.

Ensuite Valentine sonna, et Gabriel parut.

— Je sors, Gabriel.

— Oui, madame.

— Votre coupé, revenu du Tattersall, est en bas, madame, dit Fabry avec une courtoisie dont il attendait sans doute un meilleur résultat.

— Je vous remercie, monsieur : — un fiacre m'attend.

Valentine courut à Neuilly.

— Une explication avec moi, dit Fabry sans crainte d'être entendu et comme un homme se montrant en maître chez lui ; je sais ce qu'elle veut, votre explication. Vous avez prétendu jouer une comédie avec moi ; vous servir de mon désir d'être votre amant pour vous compromettre un instant auprès d'Hélène Overmann, pour qu'elle épousât Georges, dont les engagements l'effrayaient. Et, maintenant que Georges est marié, que son avenir est scellé sur une base d'or, que vous pouvez vous aimer sans crainte, vous voudriez redevenir pour lui ce que vous étiez auparavant, et me jeter au loin comme un plastron dont on n'a plus besoin. Il est trop tard : la comédie de salon est devenue une réalité publique. Pour le monde, vous allez être, vous êtes déjà, quoi que vous fassiez, ma maîtresse, la maîtresse de M. de Fabry. Où êtes-vous en ce moment? Dans les appartements de M. de Fabry. De qui seriez-vous-donc la maîtresse? — Ah! à propos d'appartements, il faut que je sache si Gabriel a rempli la commission dont je l'avais chargé.

M. de Fabry sonna.

— Comme je n'ai pris aucun air mystérieux en lui commandant de la faire, Gabriel s'en sera acquitté, j'en suis sûr, avec la même indifférence. Du reste, l'habitude de l'obéissance passive fait d'un soldat le meilleur émissaire qu'on puisse choisir.

Gabriel avait répondu au coup de sonnette.

—Es-tu allé hier où je t'avais dit?

— Oui, mon capitaine.

— As-tu remis?

— J'ai remis.

— A-t-on fait quelque observation?

— Aucune.

— C'est bien.

— Mon capitaine n'a plus rien à me dire?

— Non. Dès que madame sera rentrée, tu viendras m'en prévenir.

Fabry sortit après avoir donné cet ordre.

— Au régiment, dit Gabriel, quand Fabry ne fut plus là, tu me fis manger un mois de salle de police pour rien, pour une bêtise. Pour lors, je me dis : « Si jamais je deviens capitaine... » Je ne suis pas devenu capitaine, mais nous sommes devenus tous les deux bourgeois. C'est la même chose. Sentinelle! prenez garde à vous!... Mais voici l'état-major de madame qui revient.

En effet, Gabriel se croisa, en quittant le salon, avec Chabert, qui portait à la main un petit bouquet de violettes, et avec Duportail, qui portait un coffret enveloppé de papier de soie.

— Chabert?

— Quoi donc?

— Sérieusement, c'est ça ton cadeau pour Valentine?

— C'est ça.

— Un bouquet de violettes!

— Mais offert de bon cœur, et que je lui donnerai en l'embrassant sur les deux joues. Crois-tu que, si ces fleurs étaient en diamants, Valentine serait plus flattée?

— Mais...

— Tu ne la connais pas... Et toi, d'ailleurs, que lui apportes-tu?

— Oh! moi, regarde.

Duportail sortit le coffret de son enveloppe.

— Ah! mais c'est vraiment très-beau, s'écria Chabert; de l'or, des perles, de la ciselure, des incrustations, un riche travail!

— Sais-tu le nom particulier de ce coffret?

— Ma foi... non.

— Cela s'appelle un coffret diplomatique.

— Drôle de nom! Mais voyons, voyons l'intérieur de ce coffret diplomatique... Où donc est la serrure?

— Cherche!

Après avoir examiné de nouveau dans tous les sens :

— Mais par où s'ouvre-t-il? Rien de ce côté-ci, rien de ce côté-là. Uni partout comme une glace.

— Cherche, Chabert, cherche!

— Cherche... cherche!... Je n'aperçois rien qui indique... Mais enfin, sacrebleu! comment l'ouvre-t-on?

— Il ne s'ouvre pas.

— Comment! il ne s'ouvre pas?

— Non. Et voilà l'original de la chose. En voyant ce coffret, on s'écrie comme toi : « Ah! que c'est beau!... il est impossible qu'une enveloppe aussi brillante ne cache pas une surprise merveilleuse. » Erreur! Il ne renferme rien, puisqu'il ne s'ouvre pas. C'est donc à juste titre, tu vois bien, qu'on le nomme un coffret diplomatique.

— Voilà une idée! Et qui a inventé cela?

— Un diplomate qui ne s'ouvrait jamais.

— Et qui ne renfermait rien, sans doute?

— Tout juste.

— J'aime mieux mon bouquet de violettes.

— Ah! voici Adrianoff, s'écria Duportail, qui apporte aussi son cadeau.

Adrianoff se joignit à ses deux amis, une lettre à la main et dans une très-grande agitation.

— Oui, dit-il, un cadeau! J'ai un cadeau, mais c'est moi qui l'ai reçu, ce cadeau.

— Qu'avez-vous donc, Adrianoff?

— J'ai... — Il froissa la lettre avec colère. — J'ai... Ceci est une lettre de mon intendant Michaïloff. Il m'écrit de Cologne. C'était convenu entre lui et moi, vous savez?...

— Oui, pour vous donner des nouvelles de l'enfant que vous avez acheté vingt mille francs.

— Vingt mille déceptions!

— Comme vous voilà furieux!... Michaïloff aurait-il mangé l'enfant en route?

— Plût au ciel!

— Nous ne devinons pas.

— Et qui donc devinerait ce qui m'arrive? Je vous ai t que j'avais acheté de ce cupide fermier, paysan ou rdinier, un enfant beau comme le soleil.

— Brun comme un Espagnol.

— Intelligent, cher Duportail, et affectueux autant que er et résolu.

— Oui, oui.

— Voici ce que m'écrit Michaïloff. — Adrianoff lut la ttre de son intendant : — « Il est impossible que je vous aise plus longtemps le découragement où me jettent la onduite et le caractère de l'enfant que vous m'avez conié. Depuis Paris, il ne cesse de me dire des grossièretés e sa voix désagréable. Il est le fléau des voyageurs, qui n'ont forcé déjà plusieurs fois de changer de wagon. »

— Que veut dire?... — Un enfant que vous prétendiez i aimable.

— Attendez. — Adrianoff lut encore : — « Comme vous l'ignorez pas que cet enfant est bossu. »

— Un enfant beau comme le soleil et qui est bossu : ossu comme le soleil, s'écria Duportail.

— Mais il n'était pas bossu quand je l'ai acheté !

— Mon pauvre Adrianoff, il y a là-dessous...

— Il y a... J'achève. — Adrianoff reprit ainsi la lecture e la lettre de son intendant : — « A cette infirmité, qui 'a rien de bien intéressant en elle-même, votre jeune rotégé joignant encore celle d'avoir les cheveux rouges, n l'appelle le fils du diable dans toutes les rues de Cologne que nous traversons. Comme on me prend pour on père, vous sentez combien il est pénible pour moi...» es cheveux rouges! dit en s'interrompant lui-même Adrianoff, quand j'ai acheté un enfant avec des cheveux oirs, des cils noirs, le teint noir, des yeux noirs!

— Parbleu! interrompit à son tour Duportail, ce n'est as le même enfant.

— Non, ce n'est pas le même! Comme il était nuit, omme l'enfant était caché dans un manteau quand on 'a conduit au chemin de fer, où, d'ailleurs, ce n'est pas oi qui l'ai reçu, mais Michaïloff, qui ne l'avait jamais u, le brigand de père m'a joué ce tour infâme. De ses eux enfants, il m'a vendu le plus beau, mais c'est le lus laid qu'il m'a livré. J'ai acheté un ange et j'ai emorté un singe. Vingt mille francs pour avoir un héritier ossu et qui a les cheveux rouges! — Oh!...

— Qu'allez-vous faire maintenant? demanda Chabert.

— C'est déjà fait. Le télégraphe a joué. J'ordonne à

Michaïloff de revenir tout de suite à Paris et de ramener le jeune monstre au sein de sa famille. Ils seront ici l'un et l'autre demain, ou après-demain au plus tard.

— C'est bien ; mais plus d'héritier, mon pauvre Adrianoff ; c'est encore à recommencer.

— Du tout ! j'exigerai l'autre enfant.

— Et si le père ne veut pas vous le donner ?

— Il rendra les vingt mille francs.

— Et s'il ne veut pas vous les rendre ?

— Nous irons en justice.

— Vous serez condamné.

— A garder un enfant rouge ?

— Non ; mais...

Chabert aperçut Valentine traversant l'antichambre.

— Accourez, madame, mettez la paix chez vous.

Valentine disait tout bas à Gabriel en lui remettant sa pelisse :

— J'ai vu Valentin, ce n'était rien. Il est triste d'avoir

perdu son petit camarade. C'est tout une histoire ; je vous dirai cela.

Gabriel, en recevant la pelisse d'une main, remettait de l'autre à Valentine une carte de visite.

— Cette dame attend dans la bibliothèque.

— Une dame ? — Valentine jeta les yeux sur la carte. — Elle ! elle, ici ?

Chabert, qui avait remarqué les paroles échangées à voix basse entre la maîtresse et le valet de chambre, dit à Valentine :

— Vous êtes attendue, madame ; nous craindrions...

— Je suis fâchée de ne pouvoir vous retenir, messieurs ; mais une visite imprévue... extraordinaire...

— Nous nous retirons. Agréez seulement les vœux bien sincères que nous formons tous à l'occasion de votre fête, que nous étions venus vous souhaiter.

L'esprit tout entier à la visite qu'elle n'attendait pas, Valentine reçut d'une manière distraite et troublée le bouquet de Chabert, le coffret de Duportail et un écrin de fort bon goût que lui remit Adrianoff.

— Mes bons amis, mes chers amis, je vous remercie...

Mais, dans un autre moment, je vous exprimerai mieux... Vous reviendrez, n'est-ce pas? Le thé nous réunira ce soir... A ce soir donc!... Je vous attendrai...

— A ce soir, madame; à ce soir, répétèrent les trois amis en se retirant.

— Gabriel!

— Madame?

— Introduisez cette dame.

Hélène Overmann, la femme de Georges de Blancastel, fut introduite au salon.

— Madame, dit Hélène sans préambule, j'osai faire auprès de vous, il y a peu de temps, une démarche bien hasardée pour une personne habituée comme moi à vivre dans un monde de convenances et d'étiquette. Dans cette entrevue, que vous n'avez sans doute pas oubliée...

— Non, madame.

— Je vous déclarai que j'aimais M. de Blancastel, mais que, malgré cet amour commencé aux premières heures de la jeunesse, retrouvé dans mon cœur après des années d'un mariage qui ne me l'avait pas fait oublier, je ne consentirais à épouser M. de Blancastel qu'à une condition immuablement arrêtée dans mon esprit, condition entière, absolue.

— Je n'ai pas oublié non plus cette condition.

Hélène reprit.

— J'eus l'aveu formel de votre bouche que tout attachement sérieux était rompu entre vous et lui. J'eus mieux que cet aveu : j'eus la conviction éclatante, j'eus la preuve presque publique que vous accueilliez avec une faveur marquée les attentions peu déguisées de M. de Fabry. Je n'avais plus rien à savoir. Les conditions délicates que ma conscience avait mises à mon mariage avec M. de Blancastel étaient remplies ; j'épousai M. de Blancastel. Ce que je viens de dire, est-ce la vérité ?

— C'est la vérité, madame.

— Est-ce la vérité aussi, madame, que je pouvais parfaitement me dispenser d'avoir tous ces scrupules et me marier avec M. de Blancastel sans m'inquiéter le moins du monde de savoir si je vous froissais ou non en l'épousant ?

— C'est encore la vérité, madame.

Hélène continua :

— Alors, c'est la vérité que la confiance, la franchise,

la délicatesse, l'honnêteté se trouvent aujourd'hui de mon côté, et que, du vôtre, au contraire, se trouvent...

— Madame!...

Sans s'arrêter à l'interruption de Valentine, Hélène dit avec fermeté :

— M. de Blancastel est venu ici ce matin.

— Oui, madame... pour la première fois depuis son mariage : ce sera la dernière.

Hélène répéta avec cette douce ironie de la grande dame dont les soies sont des piquants :

— Pour la première fois! — Ce sera la dernière! Ne m'avez-vous pas dit pourtant... ne m'avez-vous pas protesté, assuré, juré que jamais M. de Blancastel?...

— J'ai tenu ma parole, madame, et je continue à la tenir.

— Oui, en ne changeant rien à votre passé, en aimant toujours celui que vous m'aviez solennellement dit ne plus aimer.

— Eh! madame, que vous importait, après tout, puisque vous l'épousiez, que je l'aimasse encore ou que je ne l'aimasse plus?

— Vous l'aimiez donc toujours?

— Vous demandez cela!

Hélène fit un retour silencieux sur elle-même, — sur elle-même qui n'avait jamais détruit le souvenir de Blancastel dans son cœur, — avant de dire à Valentine d'un air moins décidé :

— Ah! oui!... vos larmes qui me disaient... j'aurais dû...

— Ces larmes auxquelles vous avez cru d'abord et auxquelles vous auriez pu croire toujours, ces larmes étaient vraies comme la passion, comme la douleur, comme les regrets qui les faisaient monter malgré moi de mon cœur à mes yeux et couler devant vous.

— Mais alors, demanda Hélène, pourquoi les avoir si énergiquement démenties?

— Pourquoi?

Valentine devint rêveuse et ses lèvres palpitèrent.

— Oui, pourquoi, puisque vous l'aimiez à ce point, vous l'êtes-vous laissé enlever par une rivale? pourquoi l'avez-vous livré si facilement à qui vous le demandait?

— Pourquoi? répéta Valentine de plus en plus agitée.

— Pourquoi, enfin, m'avoir laissé épouser M. de Blancastel, quand vous pouviez d'un mot empêcher?...

L'explosion se fit dans l'âme de Valentine.

— Parce que vous êtes riche, madame, et que je ne le suis pas.

Le même éclat livra passage à ce cri d'Hélène :

— Parce que je suis riche, dites-vous? Il m'aurait donc épousée pour... pour ma fortune, lui? — Oh!...

— Non, madame, c'est moi qui ai voulu qu'il vous épousât pour votre fortune, ce n'est pas lui. Il succombait sous le poids des dettes; ses capitaux étaient dévorés par les emprunts; son château patrimonial allait être ignominieusement vendu à la criée; il fallait le sauver de la misère, de la prison, de la honte. Ce n'est pas tout, il fallait...

— Achevez, madame; ne me laissez rien ignorer.

— Il fallait lui trouver de nouvelles ressources pour qu'il pût faire face aux formidables exigences du luxe dans lequel il a toujours vécu, sans lequel il ne saurait vivre. Eh bien, madame, je vous vis, je vous écoutai, et je m'écriai dans la joie de ma découverte : « Voilà une femme qui a de l'or... moi, je n'ai que mon amour; je vais lui vendre mon amour pour Georges, et Georges sera heureux. » — Et je vous ai vendu tout ce qui faisait ma joie, mon orgueil, mon espérance, mon repos, mon bonheur, ma vie dans ce monde.

— Vous avez fait cela!

— Je vous ai laissé épouser M. de Blancastel que j'allais épouser moi-même dans quelques jours, dans quelques heures.

— Ah!... tenez, madame, s'écria Hélène, hors d'elle-même, exaltée de toute l'exaltation de Valentine, qu'elle admirait maintenant, c'est sublime ce que vous avez fait là! c'est touchant! vous m'avez brisé le cœur. Ah! que n'ai-je su tout ce que je viens d'apprendre!—Je n'aurais pas souffert un pareil sacrifice; je vous aurais serrée en frémissant contre mon cœur; je vous aurais dit : « C'est votre bien, vous l'aimez, soyez heureuse avec lui. Ni mon or ni ma présence ne viendront plus vous troubler. » J'aurais fait comme vous, j'aurais répandu quelques larmes, et je vous aurais dit : « Ne faites pas attention, madame, c'est mon orgueil qui souffre; une soirée de bal séchera tout cela. » —Non! je n'eusse pas agi ainsi;

j'aurais manqué de cœur. Il fallait le vôtre pour tant d'héroïsme et tant d'abnégation. J'ai l'âme assez grande pour admirer votre dévouement, mais je n'ai pas assez de force pour l'imiter. C'est pur, votre action; c'est radieux comme le martyre. Mettez dans un plateau de la balance tout l'or qui est sous la terre, tout l'or qui est dessus, tous nos titres de noblesse, dont nous sommes si fiers ; jetez dans l'autre plateau la plume de l'ange, votre action belle, simple et divine, et c'est votre action, c'est la plume de l'ange, madame, qui l'emportera. Votre main, madame; je vous aime!

Valentine joignit sa main à celle d'Hélène.

— La voilà! — comme deux amies qui souffrent.

— Non! dit Hélène, comme deux sœurs qui se consolent. On ne cache rien à une sœur, poursuivit-elle sous l'impulsion d'une pensée qui lui vint aussitôt et comme pour chasser le dernier nuage du passé nébuleux interposé entre elles deux. Valentine, si vous m'avez fait un sublime mensonge le jour où vous m'avez dit que vous n'aimiez plus M. de Blancastel, quel nom donnerai-je à l'aveu de cette autre intimité, fait pareillement par vous à la même heure; cette intimité dont je fus témoin... dont j'emportai l'impression comme une victoire, croyant, avec ce trophée, n'avoir plus à craindre de rivalité? Valentine, achevez votre courageuse confession... Je vous parle de M. de Fabry.

— Ah! oui... dit Valentine en souriant derrière un embarras qu'elle paraissait vouloir vaincre, mais qu'elle semblait, au même degré, ne pas pouvoir dominer...

— Vous voulez savoir à quel titre, accueilli si favorablement par moi, le jour où vous vous rencontrâtes avec lui, M. de Fabry est aujourd'hui reçu chez moi; vous voulez enfin savoir...

— Madame! madame! accourut dire Gabriel à demi-voix à Valentine d'un air inquiet, M. de Blancastel traverse la cour... il monte chez vous...

— Lui!... dirent avec le même effroi Hélène et Valentine.

— Où me cacher? ajouta Hélène, la tête perdue, cherchant partout une issue, communiquant sa terreur à Valentine, où me cacher?... Je ne veux pas qu'il me voie ici!... S'il me voyait!... oh!...

Gabriel, resté à la porte, et reportant son attention de l'extérieur à l'intérieur, répéta :

— Le voici!

Sans cesser de regarder autour d'elle avec égarement pour découvrir un endroit où se cacher, Hélène lança ces mots à Valentine, qui les reçut comme dans un combat on reçoit de l'ennemi qui bat en retraite une poignée de mitraille.

— Vous ne deviez plus le revoir !

Elle passa ensuite, avec une rapidité de panthère, entre le paravent chinois et la cheminée. Elle disparut.

Georges entra. Il aurait pu voir le volant de la robe d'Hélène courir autour du paravent chinois si ses yeux se fussent par hasard portés de ce côté. Il avança jusqu'au milieu du salon d'un pas impatient, fébrile, la colère à la bouche.

— Savez-vous, dit-il à Valentine, savez-vous ce que me voulait ce notaire... ce M. Roland, de chez qui je sors?

Toute troublée, Valentine répondit :

— Non... non...

— Ah ! vous ne le savez pas? vous ne le savez pas?

— Encore une fois, non. Comment saurais-je?...

— C'est bien étrange !... si étrange, que c'en est impossible.

— Je vous assure...

— Il avait à m'apprendre que le propriétaire de cet

hôtel, M. Burnham, était mort le mois dernier à New-York, et que ses héritiers, qui sont venus à Paris pour toucher la succession, s'étaient présentés à son étude afin de le charger, comme notaire de leur oncle, de réclamer de moi trois années de loyer, trente mille francs.

— S'il vous souvient, je vous parlai, il y a quelque temps, de cette dette.

— Oui, je m'en souviens... Vous la connaissiez cette dette, et voilà pourquoi je m'étonne que vous ignoriez... Enfin, vous ignorez, soit. — J'ai répondu à ce M. Roland que j'étais prêt à verser ces trente mille francs... Je lui demandais seulement vingt-quatre heures pour réaliser la somme et la lui faire parvenir... quand il m'a interrompu pour me dire que cela n'était nullement nécessaire; qu'il était même fort surpris de me voir dans son étude; que, depuis le jour où il m'avait écrit, c'est-à-dire depuis trois jours, — il m'avait été impossible d'aller plus tôt chez lui, — on s'était présenté et qu'on avait payé les trente mille francs de loyer. « Vous ne me devez donc plus rien, m'a-t-il dit en me congédiant; les quittances sont remises. » Et je suis sorti, et me voilà, et je vous demande qui a pu payer ces trois années de loyer, ces trente mille francs?

— Je l'ignore, répondit Valentine avec autant de dignité qu'il y avait de brutalité dans l'interrogation du marquis de Blancastel.

— Vous le savez !

— Je vous atteste...

— Vous le savez ! vous le savez !

— Je vous jure !...

— Vous mentez !

— Monsieur de Blancastel ! si vous vous croyez encore chez vous, vous manquez d'égards envers moi ; si vous admettez que vous êtes chez moi, vous manquez d'égards envers vous.

— Vous n'êtes ni chez vous ni chez moi, madame ; vous êtes chez.... Mais, comme vous n'êtes chez lui que depuis que vous n'êtes plus chez moi, il ne me convient pas qu'il prenne à sa charge un passé que je crois encore avoir eu la faveur de posséder seul et sans partage. Ses trente mille francs vont lui être remis sur-le-champ et par vous. Me permettez-vous, madame, de sonner?

Georges de Blancastel s'élança vers la cheminée pour saisir le cordon de la sonnette ; Valentine se jeta sur son passage pour l'en empêcher. Sa femme était là, il l'eût infailliblement vue... Il interpréta d'une tout autre manière le geste précipité qui l'arrêta.

— C'est juste, dit-il, je ne suis plus chez moi... On a de ces oublis!... oublis étranges... bien naturels au fond... Non, je ne suis plus chez moi!

Valentine avait vivement sonné, et Gabriel avait paru.

Georges l'interpella aussitôt de cette manière :

— Sur la somme que je te remis, il y a quelques mois, je te pris dix mille francs; il doit te rester trente-cinq mille francs, remets-les-moi.

Le zouave fut si interdit de cette demande, à laquelle il s'attendait si peu, qu'il ne sut s'il prendrait le pas ordinaire ou le pas gymnastique pour répondre. Il se lissa la moustache.

— Tu m'entends, Gabriel?

— Comme si nous étions en rase campagne, mon capitaine.

— Eh bien alors... remets-moi vite!...

— Oui, en effet... il me restait trente-cinq mille francs.

— Donne! donne!

— C'est que... mon capitaine...

L'impatience de Georges montait et bouillonnait jusqu'aux bords.

— Donne vite! donne vite!...

Gabriel ne répondait guère à cette impatience fougueuse.

— Je ne croyais pas... je ne m'attendais pas... je ne prévoyais pas, mon capitaine...

— Mais... allons, voyons... donne!

Et Blancastel ajouta tout bas, pour décider le zouave à vaincre des hésitations qu'il se croyait avoir le droit de prolonger :

— Il ne s'agit plus, cette fois, de sauver cet argent des chances du jeu. J'ai à payer une dette ici... dans cette maison...

Sur le même ton confidentiel, Gabriel répondit :

— L'autre fois aussi, c'était pour payer une dette.

— Encore une fois, dit à haute voix de Blancastel, encore une fois, donne-moi cet argent! finissons-en!

— Cet argent, mon capitaine... cet argent...

Le zouave recula de quelques pas.

— Eh bien?

— Je ne l'ai plus...

— Tu ne l'as plus! — Joué?

— Oh! non ; je n'ai pas ce goût-là.

— L'as-tu prêté?

— Votre argent, mon capitaine? ah! prêter votre argent?

— L'as-tu donné? Dis?

— Sans votre permission?...

— Te l'a-t-on volé? car enfin...

— On ne m'a pas volé.

— Qu'en as-tu fait alors? qu'est-il devenu? Réponds! Mais le temps s'écoule! Je cours chez moi... je trouverai... il faut que je trouve!.. Mais qu'en as-tu donc fait, misérable?

Gabriel ouvrit le portefeuille qui ne le quittait pas, et il y prit un papier qu'il remit à Georges.

Georges lut ce papier : « Avoir reçu de M. Georges de Blancastel la somme de trente mille francs pour trois années de loyer du logement qu'il occupe dans notre hôtel de la rue Blanche.

« *Les héritiers* BURNHAM. »

— Faites-moi fusiller maintenant, mon capitaine.

— Gabriel, dans les défilés de la Kabylie, tu m'as sauvé la vie une fois... Ce que tu viens de faire là !...

Georges serra Gabriel dans ses bras.

— Mon capitaine, je ne sais pas... mais il m'a semblé que l'argent de l'autre, à qui je le rendrai... ça ne m'a pas paru bien clair... j'ai risqué le ballot.

— Bien ! très-bien, mon soldat !

Gabriel, en se retirant, renvoya vers la porte ces mots, impossibles à retenir dans sa loyale poitrine :

— J'ai fait du plaisir à un capitaine, de la peine à l'autre ; je suis heureux comme un adjudant-major.

Le front haut, les lèvres fières comme un Castillan qui vient de laver son honneur un instant compromis, Georges dit à Valentine :

— Ce serviteur a plus de cœur que vous. Il a deviné

que je ne devais pas souffrir qu'un autre touchât à un passé... Il a sauvé ma dignité... Que maintenant celui qui a été si impudemment généreux avant l'heure agisse comme il vient de le faire, je n'aurai rien à dire... Désormais votre présent et votre avenir sont à lui... Aussi je me retire, et je vous jure que jamais...

Il s'approcha de Valentine, dont le visage, depuis quelques minutes, était caché par ses mains éplorées.

— Est-ce, lui dit-il, de la rougeur ou des larmes que vous me cachez en m'empêchant de voir une dernière fois votre visage? — Valentine, je ne rétracte rien, je ne démens rien; mais je ne veux pas vous laisser sous l'impression, trop humiliante pour moi, que je ne sais pas comprendre en homme d'honneur la position délicate, difficile, où vous êtes. Non! je n'ai plus aucun pouvoir sur vous! non! je n'ai plus le droit de troubler votre nouvelle existence. — Allez! la mienne n'a ce privilége sur aucune; la mienne, que vous vous figurez si belle, si satisfaite...

— Taisez-vous! interrompit Valentine effrayée. — Sa femme qui est là, pensa-t-elle.

— Ah! reprit Georges, j'ai menti ce matin, quand je vous la peignais comme une succession sans fin de joies et de délices. J'ai menti par orgueil; vous vous disiez heureuse, je me suis dit heureux. Je ne le suis pas! je ne le suis pas!

—Taisez-vous! lui dit, terrifiée, Valentine, qui savait qu'Hélène était là, derrière le paravent, qu'elle les écoutait; taisez-vous!

Mais Georges poursuivit :

— Ces profondes richesses auxquelles je puise sans compter, peuvent calmer de loin en loin la fièvre de dépenses qui me dévore; mais elles ne comblent pas le vide toujours plus sombre que creuse dans mon âme le poids de votre absence.

L'effarement de Valentine faisait de la peine à voir.

— Mais taisez-vous! taisez-vous! je vous en supplie.

— Hélène est bonne, sans doute, continua Georges; elle est belle, elle est digne; je lui rends justice, mais je ne puis l'aimer, ni comme autrefois, ni comme je vous ai aimée, ni comme je vous aime encore.

— Georges! Georges!

— Je me blâme, je me condamne, mais c'est malgré moi que j'agis. Une impulsion irrésistible m'entraîne. La nuit, je quitte furtivement mon hôtel, mes salons, le monde que je reçois, et je viens sans avoir la conscience de mes pas, je viens comme un somnambule, — tenez, ainsi que vous m'avez peint vous-même ce matin l'état de votre esprit, — je viens me placer sous vos croisées.

Les lèvres de Valentine balbutièrent convulsivement :

— Georges! par grâce! par grâce!

— L'homme qui a escaladé le mur, la nuit dernière, c'est moi.

Valentine se rapprocha de Georges, les mains suppliantes.

— Georges! par pitié! par pitié! plus un mot!

Depuis un mois, c'est là ma vie. Chaque nuit, je viens épier derrière vos rideaux le passage adoré de votre ombre. Ah! comme je t'aime! toi qui ne m'aimes plus!

— Oh! mon Dieu!... mon Dieu!... il ne veut pas se taire!...

— Eh bien, continua Georges de plus en plus exalté, eh bien, ne m'aime plus! sois à un autre! mais laisse-moi quelquefois venir me plaindre ici. J'ai vingt-quatre heures par jour pour être riche, puisque je suis condamné à l'être, que j'aie du moins un coin d'ombre, une minute de recueillement près de toi.

Il saisit frénétiquement les deux mains de Valentine, dont on devine le trouble si près du délire, sachant toujours Hélène à un demi-pas d'elle, et forcée d'entendre les protestations d'amour de Blancastel. Quelle femme fut jamais dans une situation pareille! Elle fut entraînée à dire tout haut, bien haut, à crier :

— Georges! Georges! vous m'exaspérez! vous me rendez folle!

— N'est-ce pas, tu me l'accordes, tu me le permets, ce droit de venir encore chez toi? Valentine! Valentine!

— Je ne sais pas ce que vous me dites... Vos mains tremblent... je ne sens pas les miennes... Je vois vos larmes... Vous m'attendrissez... vous m'effrayez... vous me tuez! ah! vous me tuez!...

— Je viendrai, n'est-ce pas?

Valentine, complétement fascinée, oubliant un instant qu'Hélène était là, répondit :

— Oui, vous viendrez, vous viendrez, vous viendrez...

— Tu m'écouteras?

— Je t'écouterai.

— Tu me plaindras?

— Oui... oh! oui.

— Nous parlerons de lui!

— Oui, Georges! oui, de lui!

— A nous trois, nous formerons une famille de bonheur inconnue du monde entier. Et personne jamais ne saura...

— Personne.

— Hélène surtout ignorera toujours...

— Hélène!... Ah! je me suis oubliée! se dit Valentine sortant enfin de l'ivresse magnétique que lui avait communiquée de Blancastel; elle est là, elle écoute, elle pleure!...

Puis, élevant la voix :

— Georges! ne parlez pas ainsi! ne me faites pas parler ainsi. C'est mal, oh! c'est très-mal! de grâce, contenez-vous!...

— Puis-je me contenir? répliqua Georges, si loin de se douter quelle autre femme recueillait ses paroles comme autant de gouttes de poison. Eh! puis-je me contenir?

Ma douleur est si violente, qu'elle me rend insensible aux reproches de ma conscience, aux railleries de mon esprit. Moi, homme d'un monde blasé, qu'on croirait à l'épreuve de toutes les faiblesses du cœur, j'ai des illusions d'enfant. Tiens! Valentine, je vais jusqu'à croire, malgré la réalité qui m'oppresse, qui m'aveugle, que tu ne seras jamais, que tu n'es pas... sa maîtresse!

Georges reprit violemment les mains de Valentine.

— Ah! laisse-moi poser mes lèvres sur ton front, sur tes mains; regarde-moi, Valentine! regarde-moi; et je lirai la vérité dans ton âme.

Valentine s'éloigna subitement, et, avec l'énergie d'une personne dont la flamme va saisir les vêtements :

— Arrêtez!

— Non!

— Arrêtez! fuyez! laissez-moi!

— Non! tu es mon bien! tu es à moi!

Valentine allait tomber dans les bras de Georges.

— Georges! éloignez-vous! ce front, ces mains sont à *lui*.

— A lui! avez-vous dit?

— A lui.

— Eh bien, je le tuerai!

D'un mouvement fébrile, Georges arma deux pistolets cachés sous son vêtement.

Valentine, folle de terreur, s'était jetée aux pieds de Blancastel; de ses bras elle l'enveloppait suppliante, effrayante et belle; une porte s'ouvrit doucement, Gabriel parut :

— Que va-t-il faire? murmura le fidèle zouave prêt à s'avancer.

La voix de Valentine l'arrêta.

Georges! Georges! disait-elle, de quel droit le tuer?

— Du droit... du droit du désespoir. — Ah! tenez, vous avez raison, je ne suis qu'un homme grossier, sans usage, sans résignation... Je me fais pitié... (Il prit son chapeau pour sortir.) Allons! que tout soit fini comme par la mort, entre vous et moi. Pourquoi suis-je encore ici? Qu'ai-je à savoir de plus?... Je suis depuis une heure chez M. de Fabry, dans l'appartement de M. de Fabry; je parle insolemment d'amour à la maîtresse de M. de Fabry. Mais faites-moi donc chasser par ses gens!

Epouvantée des paroles décousues de Georges, Valentine, dont la tête n'était pas moins perdue, entre cet homme rempli de paroles déchirantes et une femme qu'allaient trahir ses pleurs et ses gémissements mal étouffés, Valentine retint Georges prêt à sortir de cet appartement de douleur. Quelle femme n'eût eu ce mouvement instinctif, involontaire, de crainte mêlée de pitié, à l'aspect de tant de désolations d'amour?

Georges s'arrêta sur le seuil : sa figure était pâle, ses yeux hagards, ses paroles brèves, sèches, tranchantes.

— Que me voulez-vous ? —N'êtes-vous pas la maîtresse de M. de Fabry?

— Valentine s'affaissa au bord d'un divan; elle descendit sur ses genoux comme si la vie se fût retirée de son corps. Elle vivait, elle ne bougeait plus.

Une femme écarta le paravent, et répondit à la face pâle et défaite de Blancastel :

— Non, monsieur, elle n'est pas sa maîtresse.

— Hélène!...

Hélène avait parlé.

Le silence qui suivit cette apparition d'affliction, de mélancolie et de larmes, fut long ; il fut poignant, il fut effrayant, il fut terrible. Jamais le drame domestique, le plus vrai, le plus saisissant, n'avait étonné le cœur d'une scène semblable à cette scène. La vie était suspendue chez ces trois personnages, qui n'avaient plus qu'une même vie.

Ce fut Georges dont la voix s'éleva la première.

— Vous venez d'entendre, madame, des paroles pour lesquelles il n'y a pas de pardon.

Valentine répondit comme un écho lamentable :

— Oh ! non !

— Les démentir ou les atténuer, continua Georges d'une voix brisée et éteinte, serait indigne de tous les trois. Vous connaissez maintenant, dans toute son étendue, la vive affection qui nous a réunis, Valentine et moi.

— Oui, monsieur, répondit faiblement Hélène.

— Vous connaissez aussi maintenant le motif qui nous a violemment séparés.

— Oui, monsieur.

— Vous connaissez enfin les regrets qui ont survécu à cette rupture dans mon cœur... dans mon cœur, qui n'a pas eu, je le confesse, la générosité de répondre à tout l'intérêt que vous m'avez montré en acceptant mon nom, en me livrant votre fortune.

— Je vous ai donné davantage, monsieur de Blancastel.

— Je n'en suis que plus ingrat. Aussi, je le répète, il

n'y a pas de pardon pour les paroles que vous avez entendues.

Valentine acheva la pensée de Georges.

— Il n'y a, madame, que la pitié d'une âme grande et douce, indulgente et bonne comme la vôtre, qui puisse...

Hélène interrompit la double prière qui montait de ses pieds à son cœur dévasté.

— Ah! croyez-vous donc l'un et l'autre que le pardon ou la pitié arrêterait la douleur du coup que je viens de recevoir; il a été terrible. J'ai éprouvé là, à cette place, derrière ce paravent, une angoisse comme doivent en éprouver ceux qu'on descend, par erreur, tout vivants dans la tombe. Ils crient, ils se rongent le cœur : — on ne les entend pas!

Valentine se traîna aux pieds d'Hélène.

— Ah! madame, accablez-moi de votre haine, de votre mépris, de votre colère, moi qui ai fait tout votre malheur.

En relevant Valentine, Hélène lui dit avec une bonté suave, angélique :

— N'est-ce pas moi, au contraire, qui suis venue pour faire le vôtre?

— Et moi, murmura Georges, pour faire celui de toutes les deux?

Un domestique étant entré pour dire que MM. Duportail, Fabry, Chabert et Adrianoff demandaient la faveur de se présenter.

— C'est bien ! lui dit de Blancastel en le chassant d'un geste; c'est bien ! que ces messieurs attendent... quand je sonnerai...

— Valentine, reprit Hélène avec la même douceur dans le regard et dans la voix, Valentine, je vous ai appelée ma sœur, faites que je sois l'aînée. Prenez de moi le courage et la force, ne pleurez pas ainsi.

— Mais vous êtes vous-même inondée de larmes, madame, vous qui m'engagez...

— Parce que vous souffrez.

— Oh ! emmenez-la, dit tout bas Valentine à Georges, emmenez-la.

Georges alors, à Hélène :

—Voulez-vous permettre que je vous reconduise chez vous?

— Pas encore, répondit Hélène.

Valentine redit à Georges :

— Emmenez-la, elle se meurt!... — ne le voyez-vous pas?

—Venez, recommença Georges, venez, je vous en prie, Hélène; venez! A force de dévouement, à force d'amitié, — il y en a de rares et de persuasives, — je parviendrai peut-être, non à faire pardonner, mais à vous faire oublier la douleur que votre dignité de femme et d'épouse vient de ressentir.

— Laissons ma dignité! La douleur, mes amis, se renouvellera sans cesse, parce que la cause se renouvellera toujours.

— Jamais! dit Valentine.

Et Georges dut répéter :

— Jamais!

— Demain, dit aussitôt Hélène.

— Non, affirma encore Georges; nous n'aurons jamais existé l'un pour l'autre; je vous en fais le serment...

Hélène l'arrêta.

— Pas de parjure! Dieu nous voit, puisque nous souffrons.

— Eh bien, alors, reprit Georges, il doit voir que tout est désormais brisé, fini, entre Valentine et moi.

Hélène releva ironiquement le mot.

— Brisé !...

— Oh ! oui, appuya Valentine, brisé : et c'est là notre seul titre à votre clémence.

— Oui, dit aussi Georges, croyez un peu, madame, à ce qui est notre foi, notre honnêteté, notre repentir.

— Quoi ! vous voulez, monsieur de Blancastel, que je croie sérieusement que tout est fini, brisé entre vous deux ? — Mais Valentine, ne fût-elle pas pure comme elle est, et comme votre aveugle jalousie vous a empêché de le voir ; fût-elle à M. de Fabry, fût-elle coupable, avilie, votre amour, — je le connais maintenant, — se traînerait suppliant à ses pieds, et se contenterait des restes de son indignité. Non, tout n'est pas fini, non, tout n'est pas brisé entre vous !

— Tout, madame, je vous le jure !

— Vous aussi, Valentine... des serments !...

— Ne me croyez-vous pas, moi non plus ?

— Vous non plus : — vous serez entraînée par lui, vous serez subjuguée.

— Oh ! madame !

—Vous faut-il des preuves, vous qui ne donnez que des serments ?

— Oui, des preuves.

— Soit ! Vous et lui, qui avez brisé, dites-vous, tout rapport, tout nœud, tout souvenir, avez-vous brisé ceci ?

Hélène montra à Valentine et à Georges le portrait de leur enfant.

Georges et Valentine se turent.

— Ce n'est donc pas de vous deux que viendra le dénoûment de cette lutte, où trois cœurs aimants, bons, frappés du même coup, où trois existences sont douloureusement engagées. Il faut qu'une autre la dénoue, dût-elle s'ensanglanter la main, dût-elle laisser la vie dans ce cruel effort.

Hélène sonna aux deux côtés de la cheminée. Fabry, Duportail, Chabert et Adrianoff se montrèrent.

— Messieurs, leur dit Hélène d'une voix claire et solennelle, soyez tous témoins que j'ai trouvé M. le marquis de Blancastel, mon mari, chez sa maîtresse. Vous l'affirmerez devant la justice.

III

Un mois après la rencontre violente de Georges, d'Hélène et de Valentine dans les appartements de la rue Blanche, les beaux jours du printemps commençaient à nuancer le ciel de bleu et de rose le matin, et à purifier les eaux des fleuves et des rivières des boues jaunes produites par les colères de l'hiver. Parmi les localités rurales semées aux environs de Paris, une des plus gracieuses, et, malheureusement, une des plus connues, c'est Asnières. Ses beautés pittoresques, mais faciles, ont causé sa vulgarité. La Seine est là d'une belle bourgeoisie, et pourtant le courant s'y dévide eomme une riche pièce de soie argentée sur le métier d'un tisserand indien. Que de barques élégantes au bec d'oiseau vont d'une rive à l'autre, le soir, au murmure de la musique de Strauss, cachée dans les feuilles! Que de propriétés étendent leur fin tapis de gazon jusque sous la gaze écumeuse du fleuve royal! Quel éternel spectacle que ces lignes de wagons se précipitant, ailes déployées, naseaux en feu, sur l'abîme liquide creusé sous leurs roues, que ces convois de voyageurs venant de quatre points à la fois pour se mêler effroyablement sur ce point unique; puis tout à coup, au moment où l'on croit qu'ils vont se broyer, quel tableau palpitant, de les voir s'élancer chacun sur sa voie et se perdre avec leur collier de lanternes dans les brumes rougeâtres de quatre horizons!

A peu de distance du pont, dans les méandres de Neuilly, un joli chalet sort de la verdure et de l'eau comme s'il était lui-même une production spontanée de cette vivace nature qui fait de tout à cet endroit : des joncs, des tilleuls, des saules, des îles, des presqu'îles, des lacs, des étangs, des jardins, des bois, des parcs, des prairies.

Notre vieille connaissance, Gabriel, le zouave, passait rapidement, aux premières heures de la matinée, devant le perron du chalet, taillé en arc courbe, à la manière chinoise, et s'adressant au fils de Valentine, après lequel il courait, il disait avec animation :

— Mais non, mais non, monsieur Valentin, vous n'irez pas voir partir les embarcations sans la permission de madame. Voyez-vous ça! — Voulez-vous bien, petit monsieur, m'écouter et m'obéir? Ma parole d'honneur, ces régates font perdre la tête à tout le monde à Asnières; à moi tout le premier. — Ah! vous ne voulez pas m'obéir?...

Et Gabriel disparut dans le massif d'arbres plantés à l'un des abords du chalet, poursuivant de ses pas et de ses remontrances l'espiègle révolté.

A ce moment, Valentine, en peignoir rose, un châle blanc jeté sur les épaules, en cheveux, sortit par la porte cintrée du chalet et dit à Gabriel :

— Que voulez-vous, mon pauvre Gabriel! puisqu'il tient absolument à voir les régates, accompagnez-le.

— Du moment où madame le permet...

— Mais ne le quittez pas!

— Du moment où madame veut tout ce qu'il veut...

— Ne le quittez pas un instant. — Ne courez donc pas si fort, Valentin!

— C'est cela, dites-lui de ne pas courir...

— Vous allez vous fatiguer, Valentin.

— Belle recommandation !

— Prenez-lui la main, Gabriel.

— Si vous croyez, madame, que c'est facile...

— Ne le laissez pas marcher ainsi au bord de la berge. Ah ! mon Dieu ! il va glisser... —Vous allez rentrer tout de suite ! — Eh bien, non, Valentin ! Mais je vous en prie, mon chéri, ne me faites pas toutes ces frayeurs-là. Oui, envoyez-moi beaucoup de baisers !

— Câlin ! murmura Gabriel.

Valentine envoyait aussi à l'enfant, pour le punir de ces imprudences et de ces désobéissances, des poignées de baisers.

Elle s'arrêta ensuite à quelques pas du chalet pour prêter l'oreille à un chant qui passait par-dessus les arbres en venant du côté de la rivière, et dont voici à peu près les paroles :

Vierge des eaux, entends notre prière,
Conduis nos bras, bénis nos avirons ;
Si notre barque arrive la première,
C'est nous qui te bénirons.

— Les régates vont commencer, pensa Valentine, et voilà pourquoi mon cher ange était si pressé...

Elle s'appuya mélancoliquement sur la basse branche d'un acacia pour mieux écouter les paroles qui suivirent le morceau d'ensemble qu'elle venait d'entendre.

Maintenant sur la Seine!
En avant nos canots!
Prudence au capitaine,
Courage aux matelots!
La rive s'est peuplée,
On sent battre son cœur;
La coupe ciselée
S'emplit pour le vainqueur.
C'est lui, faites passage!
Commencez le festin;
Et là, s'il fait naufrage,
Que ce soit dans le vin!

Vierge des eaux, entends notre prière,
Conduis nos bras, bénis nos avirons;
Si notre barque arrive la première,
C'est nous qui te bénirons.

— Oui, continua à se dire Valentine quand les chants eurent cessé, c'est aujourd'hui grande fête à Asnières. Georges, qui ne tient pas à se montrer ici, au milieu de tant de gens dont il est connu, ne viendra pas. D'ailleurs, il m'a assuré qu'il resterait à Paris. Je suis heureuse quand il vient, mais bien plus calme quand il ne vient pas... Ah! pourquoi ne m'a-t-il pas oubliée dans l'obscurité de cette retraite? Chaque fois qu'il vient, je le supplie de renoncer à me voir; je lui montre tous les dangers de ces visites, que sa femme ne doit pas ignorer. Le silence profond qu'elle garde depuis un mois qu'elle est à Bruxelles est plein d'orages. Il se médite contre Georges des résolutions qu'il aurait empêché de prendre s'il eût voulu m'écouter. Mais Georges...

Valentine crut avoir entendu retentir la sonnette de la petite barrière de bois placée au bord de l'eau.

— Je n'attends personne... Est-ce que Georges, malgré sa promesse?... Qui peut donc venir? — M. de Fabry!

Pendant quelques secondes, Valentine resta muette devant la présence du visiteur qu'elle était si loin d'attendre.

Il ne lui vint aucune parole, même de politesse banale.

Fabry mit un terme à cet embarras où dominait la crainte la plus accusée :

— Enfin, madame, je vous trouve, dit M. de Fabry.

Les régates m'ont attiré aujourd'hui à Asnières, et le hasard vient de me montrer Gabriel qui sortait de ce jardin. J'ai aussitôt supposé que vous n'étiez pas loin. J'ai supposé juste.

— Je ne m'attendais pas à l'honneur de vous recevoir. Je me suis imposé de ne recevoir personne.

— Aussi, madame, n'abuserai-je pas de la générosité du hasard. Permettez-moi seulement de vous dire que Paris a été fort surpris de votre disparition si subite, et que, pour ma part, j'ai été affligé d'une fuite...

— S'installer à cinq minutes de Paris, ce n'est pas fuir, monsieur de Fabry; c'est tout au plus se retirer du monde.

— Ce sera, madame, tout ce qu'il vous plaira; personne n'a le droit... Ai-je moi-même celui de vous rappeler qu'il y a un mois environ, — c'était juste au moment de votre départ, — vous désirâtes avoir avec moi une explication?... Elle n'eut pas lieu...

— Les circonstances...

— Elle n'eut pas lieu.

— Non, parce que...

— Le même jour vous quittiez Paris.

— Oui, monsieur, le même jour.

— Cette explication qui n'eut pas lieu alors...

— Est devenue désormais inutile, monsieur de Fabry.

— Oserais-je vous demander pourquoi, madame?

— Quand je sollicitai de vous cette entrevue, je venais d'être avertie d'un danger...

— D'un danger?... Achevez, madame.

— D'un danger qui a cessé d'exister pour moi.

— Peut-être le courez-vous encore.

— Oh! non.

— En êtes-vous bien sûre?

— Oui, monsieur, répondit plus ferme et plus rassurée Valentine. Je m'étais compromise pour avoir subi à mon insu l'appui d'une générosité...

— Elle n'avait rien que de très-noble.

— Le ciel m'a inspiré l'idée... il m'a donné la force de me passer de l'appui de... tout le monde.

— Vous habitez un pavillon bien modeste.

— Je l'ai voulu ainsi.

— J'admets cependant, madame, que vous résisterez toujours à ces privations forcées, vous, habituée...

— Ces privations sont volontaires.

— Tant mieux, alors. Car, malgré son grand cœur, ce n'est pas M. de Blancastel qui pourrait maintenant...

Le front de Valentine s'éclaira d'un rayon de noblesse.

— Je ne demande rien à M. de Blancastel, et je ne sais pourquoi, monsieur de Fabry...

Fabry, qui ne voulait pas laisser sortir l'entretien de l'étroite voie où il l'avait encaissé, le continua brusquement ainsi :

— Au retour de sa femme, dont le voyage à Bruxelles n'aura aucun résultat sérieux, car elle lui est tendrement attachée, il se remettra avec elle. Le monde leur impose, d'ailleurs, cette réconciliation. Il n'y aura plus d'amour, plus d'intimité entre eux, c'est vrai, mais c'est à cause de cela même, c'est parce que Georges vivra comme un étranger auprès d'elle, qu'il ne se sentira plus le droit, par délicatesse, de distraire, fût-ce la plus faible partie de ses revenus, en faveur de...

—Je vous répète, monsieur de Fabry, que je n'attends rien de lui ni de personne...

— Ni de personne?

— Il ne me faut rien.

— Pardon, madame, il vous faut beaucoup.

— Je ne vous comprends pas, monsieur de Fabry.

— Il vous faudra dépenser dix mille francs par an pour son entretien et pour son éducation jusqu'à ce qu'il ait vingt ans.

— De qui parlez-vous?

Fabry, après un sourire d'assurance souveraine :

— A vingt ans, il faudra que vous lui achetiez une charge d'agent de change ou d'avoué. Aujourd'hui, ce n'est pas moins de cinq cent mille francs.

— Mais, monsieur, de qui parlez-vous?

Le même superbe sourire ne quitta pas les lèvres de Fabry.

— A vingt-cinq ans, quand vous le marierez, il faudra qu'il reconnaisse quatre cent mille francs à sa femme.

— Une dernière fois, monsieur de Fabry!...

Fabry salua Valentine et lui laissa ces paroles en la quittant avec la même courtoisie de glace qu'il avait eue dans sa voix et dans ses manières pendant tout l'entretien :

— Je reviendrai, madame, dans quelques instants, chercher votre réponse.

Fabry s'éloigna.

—Ah! s'écria Valentine quand il fut parti, ah! cet homme est terrible! Il sait que j'ai un fils; il le sait!... Oui... se reprit-elle après avoir parcouru un cercle d'idées dont son cœur était le centre, oui, je t'aime bien, mon fils; oui, je veux, je dois faire pour toi, tout ce qu'une mère... Mais croire que je pourrai jamais!...

— Qui donc a sauté par-dessus la haie?

— Quoi! Georges, c'est vous!

— Mais qui donc a sauté par-dessus la haie?...

— Je ne sais... je n'ai rien vu...

— C'est bien singulier : un homme qui, pour éviter de se rencontrer avec moi au moment où j'approchais de la grille, a franchi la haie.

— Un homme...

— Personne n'est venu?

— Mais... non... à moins... personne...

— Pourtant...

— Quelque curieux peut-être qui aura voulu voir le jardin; il y a aujourd'hui tant de monde à Asnières!

Georges devint triste et distrait au sortir de sa préoccupation d'avoir vu un homme franchir la haie du jardin.

— Vous ne deviez pas venir?

— C'est vrai, je vous l'avais dit.

— Vous me l'aviez promis, Georges.

— Seriez-vous fâchée que?...

— Georges! — Quelle contrariété a-t-il éprouvée? se demanda Valentine. Comme il est sombre!

— Je comptais, en effet, rester à Paris, mais un motif...

— Un motif?

— Un motif que je vous dirai m'a fait changer de résolution. Où est Valentin?

— Il est resté à Neuilly.

— Vous souriez.

— Eh bien?

— Eh bien, il est ici.

— Il est ici. Mais vous le savez, s'il vous voit, lorsqu'il faudra le renvoyer à Neuilly, il sera triste, il pleurera, il ne voudra plus partir.

— Eh bien, ne le renvoyez pas à Neuilly.

— Et comment?

— Qu'il reste toujours avec vous.

— Le cher enfant ne sera pas moins affligé quand il vous verra partir ce soir.

— Je ne m'en irai pas. Restons toujours tous les trois ensemble.

Valentine soupira de toutes les fibres de son cœur.

— Tous les trois ensemble! toujours tous les trois!

— Oui.

— Allons, pensa avec découragement Valentine, il a quelque nouveau chagrin.—Vous savez bien que ce que vous dites là est impossible.

— Impossible... pour qui?

— Pour vous, mon ami.

— Quoi! il m'est impossible d'élever mon fils sous mes yeux, d'habiter avec lui, de le voir, de l'aimer, de le chérir, de vivre enfin pour lui et pour vous!

La main de Valentine chercha celle de Georges.

— Georges, votre femme a raison : tant qu'il y aura entre vous et moi ce lien d'amour et de tendresse, cette chaîne des temps, ce nœud formé de votre vie et de la mienne, cet enfant... nous n'aurons jamais le courage de rompre avec un passé...

— Mais je ne prétends pas imposer ce passé à madame de Blancastel?

— Non; mais vous lui donnez sans cesse le pénible spectacle de votre retour vers ce passé, puisque vous en faites l'occupation, le charme et le bonheur de votre existence. Elle en souffre pour elle, pour les siens, pour le monde, pour ses droits, pour son orgueil, pour son amour aussi, pour son amour surtout! C'est pour faire cesser ce perpétuel outrage qu'elle a couru raffermir ses droits auprès de sa famille!

—Un outrage! Vous êtes bien sévère pour vous et pour moi, Valentine.

— Je ne l'ai pas encore été assez, mon ami. Je vais l'être aujourd'hui. Georges, il le faut: vous allez me promettre, vous allez me jurer de ne plus venir ici qu'à de longs intervalles, quand vous voudrez voir votre fils, quand vous voudrez l'embrasser;— ou bien, je le jure à mon tour, vous ne me verrez plus.

La résolution si nettement exprimée de Valentine rendit plus aisée à déclarer celle que Georges apportait avec lui à Asnières, et dont l'aveu causait à son esprit la gêne et l'anxiété remarquées par Valentine elle-même, depuis le début de leur entretien.

— Je n'ai pas besoin de vous faire un pareil serment, car j'accourais vous dire que mon projet était de m'éloigner pour toujours avec vous de la France, et de ne plus donner ainsi à ma femme et au monde ce spectacle affligeant dont vous venez de parler, et qui, j'en conviens, se renouvellerait sans cesse.

— Quitter la France !

— Et pour ne plus la revoir, je vous l'ai dit.

— Vous, Georges?

— Qui m'en empêcherait?

— Qui, demandez-vous?

— Sans doute...

— Vous-même. Mais les grands revenus, les mille avantages, les inépuisables ressources que vous assure la fortune de votre femme ne vous suivraient pas, mon ami.

— Je le sais.

— Vous le savez, et vous voulez?...

— Je le veux malgré cela, malgré tout...

— Mais les funestes embarras d'argent dont vous souffriez avant votre mariage, renaîtraient à l'instant.

— Plus grands encore!

Valentine fut renversée par cette franchise.

— Mais alors?

— Plus grands encore! répéta Georges; car, pour en finir avec les débris épars de mon patrimoine dévasté, j'ai fondu mes biens avec ceux d'Hélène; la goutte d'eau est tombée dans l'Océan. Je ne possède plus rien.

— Mais alors cette fuite, cette rupture, c'est insensé! Georges, vous ne pourrez jamais,—la réalisation en a été cent fois rêvée par vous, —vous ne pourrez jamais supporter, je ne dis pas la gêne, — et c'est pourtant ce qui vous attendrait si vous quittiez la France,—mais la plus simple médiocrité d'existence. Ah! Georges, vous me faites trembler, vous me désespérez avec votre projet.

— Je vais vous rassurer tout de suite.

— Je vous en supplie.

— A Paris, non! je ne veux pas être placé une ligne au-dessous des gens de grande naissance et des gens de grande fortune. A Paris, non! je ne veux pas que leur bruit m'éteigne, que leur éclat m'éclipse; non!... je ne veux pas surtout appeler un seul instant sur moi leur blessante protection : plutôt la mort! plutôt une mort violente que cela! Mais, en quittant Paris et la France, nous allons en Amérique. Qui m'y connaît? Personne. D'ailleurs, je prendrai un autre nom; et là, je travaillerai et je ferai fortune.

— Vous travaillerez, vous?

— Qu'a cela de prodigieux?

— Vous, Georges de Blancastel?

— Qu'a cela d'impossible?

— Vous gentilhomme! vous marquis!

— Je ne serai pas le premier qui...

— Mais regardez vos mains, mon ami. D'ailleurs, quel état savez-vous?

— Aucun.

— Vous voyez donc?

— Mais j'en apprendrai un, j'en apprendrai plusieurs; mais j'essayerai, mais je ferai quelque chose.

— Peut-on si peu se connaître! Pouvez-vous vous tromper ainsi, Georges?

— Oh! tenez, Valentine, ne me découragez pas! ne me découragez pas! ne me prouvez pas que le plus grand malheur qu'un homme puisse éprouver, c'est celui d'avoir été riche. Eh quoi! il ne pourrait plus désapprendre à l'être. Il voudrait être homme, il voudrait être père, il voudrait être quelque chose par lui-même, et une voix ironique lui dirait : « Non! mange ton ennui dans ton or!... »

— Je suis allée trop loin, se dit Valentine, peinée douloureusement des paroles de Georges.

— Valentine, reprit celui-ci, hâtez-vous d'être de mon amis : je ne sais pas ce que la minute peut amener aujourd'hui d'imprévu, de formidable, dans ma vie, dans la vôtre...

— De formidable, dites-vous?

— L'expression va peut-être au delà de ma pensée...

— Non, Georges, vous n'avez pas l'esprit tranquille... Que va-t-il arriver?

— Rien... peut-être aussi... Je prévois seulement que cette journée...

— Ah! oui, s'avoua encore mentalement Valentine, je suis allée trop loin... Mais lui, que me cache-t-il? — Georges, mon ami, vous m'avez parlé de voyage, de fuite, de départ, d'exil éternel avec vous; eh bien, Georges, s'il faut cela pour vous rendre heureux, nous partirons.

— Ah! voilà le bonheur qui me revient!

— Nous partirons quand il vous plaira.

— Merci, Valentine, merci!

— Vous savez bien que je ferai toujours toutes vos volontés.

— Bonne Valentine!

Dans l'effusion de tout son être, épanoui par cet air de bonheur répandu à travers ses pensées, comme la brise du soir courant autour des tiges dans les champs brûlés des Antilles, épanouit, dilate et fait frémir de fraîcheur les arbustes et les plantes, Georges se pencha et entoura délicatement de ses bras les épaules de Valentine.

— Que tu es belle et blanche ainsi! c'est la première

fois, je crois, que tu mets ce cachemire que je t'ai rapporté de Belgique.

— Oui, mon ami, c'est la première fois.

— Il relève ta beauté d'une teinte de douce mélancolie qui me charme et m'attriste à la fois.

— Georges, je devais le mettre le jour de notre mariage.

— Oui, de notre mariage.

— Laissons.—Mais vous voilà calme, mon ami, n'est-ce pas?

— Pour un instant. Il faut que je le sois toujours. Loin de la France, je n'aurai plus d'ombrage, plus de jalousie...

— De jalousie?

— Ce mot rend mal ma pensée. Je n'ai pas de jalousie...

— Ici, je suis votre amie. Là-bas, je serai votre esclave.

— Mon esclave! — Tu seras ma femme.

— Ah ! ne profanez pas ce titre ! il est porté par une autre, et dignement porté, mon ami. Hélène est une noble, une belle et une irréprochable personne ; si vous pouviez l'aimer, vous connaîtriez tout le prix...

Le terrain, trop brûlant, frémissait et s'ouvrait sous les pieds de Georges.

— Oh !... s'écria-t-il, je sais maintenant celui qui l'a tramé, ce mariage, celui qui m'a fait adroitement appeler à Bruxelles... Mais quel reproche lui faire? — Sa figure de marbre me répondrait : « De quoi vous plaignez-vous? Je vous ai rendu trente fois millionnaire, remerciez-moi. » Oui, mon meilleur ami, je vous remercie. — Ah ! tenez, Valentine, le sang me monte aux yeux, au cœur, au cerveau, quand je pense à cet homme. — Où est mon fils? Il faut que j'embrasse mon fils?

— Je vais l'envoyer chercher tout de suite, il doit être sur la grève.

— Non, je vais moi-même... Je le trouverai...

Valentine retint Georges, qui s'était déjà levé.

— Vous ne voulez donc pas que nous l'embrassions ensemble?

— Non !

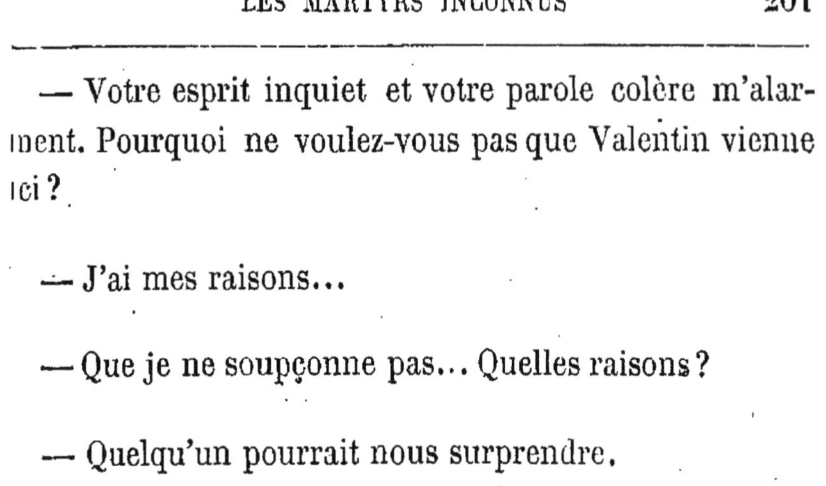

— Votre esprit inquiet et votre parole colère m'alarment. Pourquoi ne voulez-vous pas que Valentin vienne ici ?

— J'ai mes raisons...

— Que je ne soupçonne pas... Quelles raisons ?

— Quelqu'un pourrait nous surprendre.

— Quelqu'un ?

— Vous devinez...

— Quelqu'un... Je ne vois que...

— Elle va venir.

— Votre femme ?

— Oui.

— Hélène ! ici ?

— Je l'ai précédée d'un convoi.

— Elle est donc revenue de Bruxelles ?

— Hier, dans la soirée. Dès son arrivée, elle m'a fait demander l'endroit que vous habitiez, et elle m'a immédiatement donné rendez-vous ici pour quatre heures; il est quatre heures cinq minutes, elle est arrivée. Adrianoff l'accompagne : ce brave garçon m'a dit qu'il serait bien heureux de vous serrer la main avant son départ pour la Russie. Oui, il accompagne ma femme.

— Que vient-elle nous apprendre?

— Je l'ignore comme vous.

— Vous le savez...

— Je vous assure, Valentine...

— Vous le savez; mais vous voulez me le cacher.

— Je vous jure...

— Voilà la cause de la sombre anxiété que vous avez apportée en venant ici.

— Je ne sais rien, mais je prévois beaucoup. Je prévois, d'après le silence qu'elle a gardé tout le temps qu'elle est demeurée à Bruxelles, et le style mesuré de la lettre qu'elle m'a fait parvenir hier, qu'elle s'est sans doute décidée à ne rien changer à nos rapports; les choses se remettraient dans leur état primitif. Au lieu d'une jalousie hostile et brûlante, j'aurais autour de moi une alousie sombre et froide. J'aurais enfin échangé un enfer contre un tombeau. Et vous ne comprenez pas que je sois impatient d'aller vivre au delà des mers avec vous d'une vie de jeunesse, d'enthousiasme, d'indépendance !

— Et de misère, murmura pour elle Valentine... Chut! dit-elle à Georges, qui avait déjà entendu quelque bruit, chut!... on ouvre la grille... C'est elle, c'est votre femme! Elle n'est donc pas seule ? — J'entends une autre voix.

— Je vous l'ai dit, Adrianoff est avec elle.

— La voici!... dit Valentine en quittant sa place pour recevoir madame de Blancastel, qu'accompagnait le digne Russe, ami de leur maison.

Ce fut lui qui dit le premier :

— J'ai accepté avec bonheur d'accompagner ici madame. C'était pour moi un motif de vous faire, sans trop d'importunité, ma visite d'adieu.

— Vous nous quittez bientôt, monsieur Adrianoff?

— Dans quelques heures. Mais vous avez les uns et les autres des choses graves à vous dire. Je reviendrai tantôt pour vous serrer la main. A tantôt!

— A tantôt! lui répondit Valentine en lui adressant un signe amical de la main. — A tantôt!

Adrianoff s'éloigna.

Un long moment de silence fut observé par les trois personnages demeurés ensemble après la sortie de l'excellent Adrianoff, qui ne prévoyait pas, il s'en faut du tout, la singulière importance du rôle qu'il allait jouer au dernier tiers de ce drame du grand monde.

Hélène entra courageusement la première dans le rude sentier de la conversation destinée à mettre une suprême et dernière fois en rapport Valentine, Georges de Blancastel et elle.

— J'ai pris avec vous et avec moi, dit-elle, l'engagement d'en finir avec une situation aussi fausse que douloureuse. Trois partis se présentaient à moi : le premier, de subir en silence un autre ménage à côté du mien, au-dessus du mien, car il a pour lui le prestige d'un enfant ; et cet enfant attirera toujours, comme un irrésistible aimant, le père et la mère autour de lui.

— C'est vrai, pensa Valentine dans le sanctuaire de sa plus pieuse conviction.

Hélène continua :

— Je ne me suis pas senti cette force-là. Le second moyen était de demander bruyamment aux tribunaux de la France une séparation de corps, qu'ils ne m'auraient pas refusée; je ne l'ai pas voulu : c'est là une de ces demi-victoires qui ne profitent qu'au scandale. Je suis allée demander directement aux tribunaux de mon pays, à Bruxelles, où M. de Blancastel et moi avons été mariés, le bénéfice d'une loi que la Belgique a empruntée à la France et que la France a effacée de son code.

Hélène parut, à cet endroit de l'entretien, si considérablement émue de ce qu'elle avait déjà dit et sans doute de ce qui lui restait à dire, qu'elle pria Valentine et Georges de lui accorder quelques instants de suspension.

Quand elle se sentit assez forte pour reprendre, elle s'exprima ainsi :

— J'ai présenté à la cour suprême de Belgique une demande en divorce.

Ce cri intérieur éclata dans la poitrine haletante de Valentine :

— Que dit-elle?... mais que dit-elle?

— La cour a écouté ma plainte; elle a accueilli ma demande. Mais, comme elle n'y fera droit qu'après avoir entendu les objections que peut y opposer M. de Blancastel, elle attend, dans un délai déterminé, que M. de Blancastel les ait faites, pour prononcer son jugement, pour déclarer solennellement votre divorce. Je ne vous cacherai pas qu'il dépend beaucoup de vous, monsieur, que ma demande soit ou ne soit pas accueillie favorablement. Notre sort, monsieur, est entre vos mains.

Encore une fois, Hélène fut forcée de solliciter quelques secondes de repos pour permettre à ses émotions de ne pas la dominer. Georges lui dit alors, dans un trouble au moins égal au sien et trahi par sa pâleur excessive :

— Je vous en prie, attendez d'être plus calme...

— Je suis plus calme. La loi belge, comme l'ancienne loi française sur le divorce, veut, pour que la séparation absolue soit proclamée... soit proclamée... que l'époux qui se plaint ait reçu l'injure au domicile conjugal. Comme c'est chez vous, madame, que j'ai reçu l'affront qui fait la base de ma plainte, et que chez vous n'est pas encore le domicile conjugal, M. de Blancastel a le droit de s'opposer à ma demande. Dans ce cas, il y aura contestation, lutte, procès, et le divorce peut même n'être pas accordé. Si, au contraire, M. de Blancastel ne forme aucune opposition; si, pendant un temps indiqué par la loi, il garde le silence, il n'y aura ni bruit, ni procès, ni scandale, et, avant la fin de l'année, vous et moi, monsieur, vous et moi... nous serons entièrement libres. Le divorce nous aura séparés pour jamais.

Ce double cri échappa à Georges :

— Libre! libre!

— Insensé!... dit Valentine dans un autre cri qui se perdit dans celui de Georges. Insensé! quelle liberté pour lui!...

La joie du marquis de Blancastel alla réveiller une profonde tristesse dans le cœur d'Hélène, et ce fut comme un soupir d'agonie, ces paroles qu'elle prononça avec une lenteur poignante :

— Je vois que vous ne ferez aucune opposition. Je ne croyais pas, monsieur de Blancastel, vous avoir fourni le motif d'accueillir avec une joie si peu contenue, si peu modérée, une pareille nouvelle... Jamais, que je sache, je n'ai causé honte et dommage à votre nom. Vous n'avez à me reprocher que d'avoir cru, avec trop de naïveté, que les serments d'autrefois garantissaient la fidélité d'aujourd'hui.

Georges de Blancastel sentit où l'avait emporté un élan de joie irréfléchie et vit la blessure brutale qu'il avait faite en s'abandonnant à cet emportement.

— Ah! pardonnez-moi, dit-il, un mouvement échappé à la surprise... C'est mal, je me désavoue...

Hélène l'interrompit par ces mots d'une indulgence vraie mais cruelle :

— Vous ètes bon, pourtant!

—Hélène, reprit Georges, je me blâme.

— Sans doute, vous triomphez; sans doute, vous devez éprouver une bien grande joie, puisque là où vous attendiez tout au plus une séparation, je vous apporte un divorce; mais retenez, cachez cette joie, je vous en prie, jusqu'à ce que j'aie franchi le seuil de cette porte. Ce n'est pas qu'elle m'humilie, mais elle me froisse, elle me torture le cœur. Je suis femme, mon ami...

Valentine murmura, touchée de la parole si douce et si résignée d'Hélène :

— Oh! mon Dieu!

Georges avait pris les mains d'Hélène et lui disait :

— Hélène, pardon! pardon! pardon!

— Je vous pardonne; mais vous ne me haïrez ni l'un ni l'autre, n'est-ce pas?

— Nous, vous haïr!

Puis Hélène à Georges brisé de repentir :

— J'aurais voulu vous rendre heureux.

— Comme elle souffre! observait Valentine, désolée de l'attitude poignante d'Hélène.

— Oui, Georges, j'aurais voulu vous rendre heureux. Le ciel ne l'a pas voulu. Cela ne devait pas être.

— Qu'elle est digne dans sa douleur!

Cette remarque de Valentine annonça chez elle la détermination qui allait signaler, d'une manière inouïe, cet instant de sa vie.

Ses regards extatiques, sous le feu de cette résolution, ne quittaient pas Hélène, et, lorsqu'elle eut entendu les paroles suprêmes que celle-ci laissa tomber de ses lèvres décolorées, elle l'arrêta.

Mais voici les paroles d'Hélène :

— Adieu, monsieur de Blancastel... Permettez-moi... madame... qu'une dernière fois... je lui dise... que je lui dise... — Adieu, Georges!

— Oh! ce n'est pas possible! s'écria Valentine; ce n'est pas possible!... vous ne méritez pas... je n'ai pas le droit, moi!... Mais vous êtes témoin, mon Dieu! que j'ai fait tout ce que j'ai pu... (Valentine se frappa le front.) Je n'ai pas assez fait encore!

— Laissez, dit Hélène avec douceur, acceptez! acceptez un bonheur...

Ainsi qu'un penseur qui a fatigué son esprit à découvrir la solution d'un problème longtemps interrogé, Valentine se dit avec une explosion de joie intérieure :

— Oui, il est ici.

— Acceptez, ajouta Hélène, acceptez un bonheur que vous avez mérité, dans les décrets mystérieux de celui qu'il faut toujours bénir, soit qu'il vous frappe, soit qu'il vous relève.

— Je *le* verrai, je vais *le* voir, continua mentalement Valentine, tandis qu'Hélène lui adressait ces mots :

— Je me retire.

Valentine la retint.

— Encore un instant, madame. Vous allez rompre irrévocablement avec M. de Blancastel. Ce divorce, M. de Blancastel ne le veut, ne l'accepte, — c'est notre pensée, c'est notre conviction à tous trois, — que pour lier sa vie à la mienne. Alors, à moi aussi revient en ce moment un devoir, une tâche à remplir!... Alors, à moi aussi appartient le droit, que je réclame, de dire une parole à ce tribunal secret où chacun de nous a mis à nu sa conscience. Voici cette parole : le moyen que vous avez choisi, madame; ce moyen que vous avez accepté, monsieur de Blancastel, pour briser d'un commun accord la chaîne qui vous lie l'un à l'autre, moi, je ne l'accepte pas.

— Valentine !

— Non, monsieur, je ne l'accepte pas.

— En savez-vous un autre ?

— Oui, madame, j'en sais un autre, un autre plus sûr, meilleur, qui dépend de moi seule.

— Vous hésitez donc à fuir avec moi?

Valentine ne fit aucune réponse à cette question adressée à voix basse par Georges.

Hélène, du reste, la pressait de dire quel était le moyen de défaire ce nœud où ils se trouvaient pris tous les trois.

— Avant de vous le faire connaître, acheva Valentine, j'ai à prendre une résolution solennelle. Accordez-moi quelques minutes de recueillement.

Après s'être consultés du regard, Georges et Hélène se disposèrent à s'éloigner, chacun d'un côté différent. A ce moment, Fabry parut du côté par où Georges allait sortir et Adrianoff par le côté que prenait Hélène pour s'éloigner.

— Lui ici! Ah! voilà ce qui fait hésiter Valentine.

Telle fut la terrible pensée de Blancastel à la vue de Fabry.

— Adrianoff!

Ce nom partit avec joie des lèvres de Valentine. Une scène d'un étrange caractère se joua aussitôt entre Fabry, si loin de s'attendre à rencontrer Blancastel, celui-ci plus loin encore de compter sur la surprise de la présence de Fabry, à Asnières, chez Valentine! Les dents, pour ainsi dire, déchirèrent la peau dans ce dialogue modulé sur le ton de la plus exquise courtoisie. La rage, la frénésie et la mort étaient pourtant derrière cette gaze parfumée dont s'enveloppait chaque mot.

— Ravi de vous rencontrer ici, cher Georges.

— Enchanté, cher Fabry.

— Vous veniez sans doute pour les régates? Trop tard!

— Oui, je venais pour les régates, mais, comme vous dites, trop tard! Que voulez-vous!

— Elles finissent à l'instant. Les embarcations vont rentrer.

— Dédommagez-moi de ce contre-temps, cher Fabry.

— De grand cœur!

— Vous êtes charmant, Fabry.

— Pour vous, que ne ferais-je pas!... Que désirez-vous?

— J'ai quelques minutes à moi.

— Eh bien?

— Allons les passer ensemble au tir aux pigeons dans le parc d'Asnières; voulez-vous?

Fabry ne comprit pas tout de suite.

— Au tir aux pigeons?..,

— Oui... Vous savez, il faut être deux pour que la partie soit intéressante.

— Deux?... Ah! oui!

Il avait compris.

— Je vous en prie, Fabry.

— Je n'ai rien à vous refuser.

— Merci!

— De rien!

— Nous ne serons pas dérangés, je pense?

— Nullement. Tout le monde est aux régates.

— Nous prendrons en passant Chabert et Duportail, qui m'ont accompagné tantôt, et qui doivent flâner dans les environs.

— Délicieux! mon cher Georges.

— Ils seront témoins... de notre adresse.

— Je les accepte.

— Parfait!

— Parfait, cher Georges!

— Les carabines du tir sont bonnes, je crois?

— Excellentes!

— Ah! tant mieux! J'ai besoin de me refaire un peu la main. Quel agréable quart d'heure à passer!

— Des plus agréables que je connaisse à la campagne.

— Malheureux pigeons!

— Malheureux pigeons! répéta joyeusement Fabry.

— A vos ordres, cher Fabry.

— Aux vôtres, cher Georges.

— Adrianoff, dit Georges en partant pour ce duel, si bien voilé aux yeux de ceux devant lesquels il passait sans laisser voir ni un grain de poudre ni une goutte de sang; Adrianoff, êtes-vous des nôtres?

Valentine dit tout bas à Adrianoff:

— Restez! restez!

— Mille grâces! messieurs, je ne puis...

Fabry offrit le bras à Hélène, comme s'il avait eu l'intention de la faire témoin de la lutte innocente d'un tir aux pigeons.

— Jusqu'à la grille seulement, dit Hélène en acceptant le bras de Fabry; je ne sors pas du jardin.

Et tous s'éloignèrent, laissant seuls Valentine et Adrianoff.

— Puisque vous daignez me retenir, débuta le plus tranquillement du monde l'excellent Adrianoff, puisque vous daignez me retenir, madame, pour me permettre de vous faire mes adieux...

Valentine, qui avait été occupée à regarder au fond de l'allée pour s'assurer que tout le monde s'éloignait, coupa vivement la parole aux compliments d'Adrianoff, et elle lui dit d'une voix que l'émotion, mille émotions, la crainte, l'amour maternel, le regret, le désespoir, allaient tordre jusqu'à l'étouffement :

— Vous retournez en Russie, monsieur Adrianoff?

— Oui, madame, ce soir à neuf heures, et avec le regret de ne pouvoir rester plus longtemps en France.

— Et aussi avec la contrariété, je crois, de n'avoir

pas tout à fait réussi dans le projet qui vous y avait amené.

— Je n'ai pas réussi du tout.

— Oui, j'ai su.... on m'a dit... Vous avez même perdu un procès.

— Complétement perdu. J'ai été condamné à garder un enfant hideux ou à renoncer aux vingt mille francs que j'avais donnés à un paysan déloyal, pour avoir le frère de cet enfant. J'ai mieux aimé tout perdre.

— Cet autre enfant que vous désiriez n'était pas à lui, je crois?

— Malheureusement. Ah! madame! qu'il était intelligent et beau, celui-là!

— Et vous l'auriez rendu heureux?

— Si je l'aurais rendu heureux! Vous allez voir si je l'aurais rendu heureux.

Adrianoff chercha son portefeuille, dans lequel il prit un papier.

— Tenez, madame, jetez les yeux sur cet engagement que j'avais contracté avec celui que je croyais le père.

Adrianoff déploya la feuille. Mais c'est un enfant de l'amour; ces enfants-là n'ont pas de père; ce qui explique pourquoi ils sont toujours si beaux. Lisez, madame, et persuadez-vous...

Valentine alors lut des yeux l'engagement passé entre Adrianoff et le rusé villageois qui l'avait, ainsi qu'on l'a vu, si comiquement joué, tandis qu'Adrianoff lisait lui-même à haute voix :

— « Education de prince, maîtres en tous genres. »

— Oui, monsieur Adrianoff, oui!

— « Instruction religieuse. »

— Oui... vous vous engagez à donner à l'enfant une éducation de prince, une instruction religieuse... tout cela est écrit là.

Adrianoff continua à lire sous le regard inquiet et avide de Valentine :

— « Dix domestiques pour le servir. »

— Oui.

— « Aimé, soigné, traité comme un fils. »

— Oui... cela y est bien. Vous êtes admirablement généreux, monsieur Adrianoff.

— « A sa majorité, la moitié de mes revenus. »

— Oui, oui, oui !

Le feu et les larmes pétillaient dans les yeux de Valentine.

— « A ma mort, tout ce que je possède. »

— Et ce traité, demanda Valentine haletante, et ce traité, vous le rempliriez fidèlement ?

— Ah ! madame !

— Vous aimeriez bien cet enfant qu'on vous confierait ?...

— En doutez-vous ? Mais cette grande émotion ? pensa tout surpris Adrianoff. — Et qui me forcerait, madame, à faire un pareil traité, si mon intention n'était pas de l'exécuter franchement, si je ne me sentais pas le désir sincère d'aimer cet enfant adoptif comme le mien ?

— C'est vrai. Et puis, vous êtes un honnête homme...

Le regard de Valentine plongeait et fouillait dans l'âme d'Adrianoff.

— Je le crois, madame.

— Un très-honnête homme, Adrianoff.

— Je le crois toujours, madame.

— Qu'a-t-elle, pensait Adrianoff, pour m'interroger, pour m'examiner ainsi ?

— Cela se voit dans tous vos traits...

— En vérité, madame... votre bonne opinion...

— Une âme loyale et droite.

— Ah! par exemple, trop droite; vous voyez comme j'ai été récompensé de ma droiture.

— Et ce traité est en règle, continua à s'informer Valentine, avec la même soif ardente de curiosité : bien en règle?... rien n'y manque?...

— Absolument rien ; — mais quel intérêt peut-elle prendre ?...

— Si ce n'est...

— Si ce n'est?... dites vite! Adrianoff; qu'y manque-t-il?

— Si ce n'est qu'on y lit,—vous voyez, madame,—le nom de l'enfant laid, abominablement laid, au lieu du nom de l'enfant charmant, gracieux, accompli, que cet agriculteur hypocrite s'est borné à me faire voir. Le fourbe était trop habile pour faire un faux.

— Oui... vous avez raison... l'enfant que vous vouliez adopter s'appelle Valentin.

L'étonnement d'Adrianoff fut vraiment superbe.

— Comment le savez-vous, madame? qui vous a dit?..

— Qu'importe, qu'importe! nous disons qu'il s'appelle Valentin.

— Ce trouble, madame... ce bouleversement de tous vos traits...

— A quelle heure partez-vous aujourd'hui, Adrianoff? A quelle heure quitterez-vous Paris?

— Je croyais vous l'avoir dit... à neuf heures, ce soir; tous mes bagages sont déjà au chemin de fer.

Valentine, après avoir regardé à sa montre :

— A neuf heures... il en est bientôt sept et demie.

— Oui, madame.

— Mais alors il faut que vous preniez le convoi qui part dans cinq minutes, ou, au plus tard, celui qui ne quittera Asnières que dans un quart d'heure.

— Je comptais prendre celui qui partira dans un quart d'heure, afin...

— Non, prenez l'autre, prenez le premier.

La stupéfaction d'Adrianoff montait à son comble

— Pourquoi, madame ?...

La réponse de Valentine fut ·

— Donnez-moi ce traité.

Valentine avait déjà pris des mains d'Adrianoff le papier qu'il venait de lire. Elle ajouta avec la même promptitude de geste et de voix :

— Remettez-moi le double ; il doit y avoir un double...

— Sans doute, madame; mais je désirerais savoir...

— Hâtons-nous!... on peut venir... hâtons-nous!

— Quelle est son intention?... mais quelle est son intention?

— Il va faire nuit! Oh! de grâce, vite! vite! vite!

— Quel trouble dans ses idées! Pourquoi veut-elle ce traité, ce double du traité? que veut-elle en faire?

Adrianoff, pour contenter Valentine et satisfaire sa propre curiosité jusqu'au bout, sortit de sa poche une feuille de papier semblable à celle du traité.

— Voilà, madame, le double du traité que vous avez lu.

Valentine le prit, s'élança d'un bond dans la pièce basse du chalet.

— Que fait-elle? que va-t-elle faire?

Adrianoff se perdait dans un abîme de sur
Valentine était déjà revenue.

— Voilà! dit-elle livide et triomp

nom a pris la place de l'autre... et j'ai signé... C'est fait!

Elle remit toute tremblante à Adrianoff les deux traités remplis et signés par elle.

— Mais, madame, qu'avez-vous fait?... pourquoi?...

— Adrianoff, l'enfant que vous vouliez adopter est désormais à vous, à vous seul!

— Mon Dieu! madame, que voulez-vous dire? Est-ce que votre raison?...

Valentine sonna.

— Maintenant... poursuivit-elle, maintenant...

Valentine sonna de nouveau, plus rapidement et plus fort.

Gabriel accourut à ces coups de sonnette précipités.

— Où est Valentin? demanda-t-elle au zouave, où est-il?

— Je l'ai ramené des regates; il joue en ce moment sur la pelouse. Madame peut le voir d'ici... quoiqu'il ne fasse plus très-clair.

— C'est bien, Gabriel, c'est bien! laissez-nous.

— Je ne l'ai jamais vue si pâle et si troublée, dit Gabriel en se retirant : je ne m'éloignerai pas.

Valentine, dès que Gabriel fut à quelques pas de distance, reprit rapidement :

— Adrianoff?

— Madame...

— L'enfant qui joue sur la pelouse, c'est l'enfant que vous désirez, c'est l'enfant que je vous confie; cet enfant est mon fils.

Sa poitrine se déchira.

— Votre fils! répéta Adrianoff, votre fils, madame?

— Le voilà, répliqua Valentine, en prenant la main d'Adrianoff et en lui montrant l'enfant qui jouait sur la pelouse aux dernières lueurs du jour.

— Votre fils!

— Oui, ce secret, ce grand secret... mourra entre nous deux, n'est-ce pas? Georges ne saura jamais que c'est vous qui avez emmené cet enfant; vous me jurez?...

— Ce serment? pourquoi, madame, ne le dirais-je pas à Georges? — Non! madame, non!

— Allons, tout est perdu!... il refuse!

— Ah! je devine! s'écria Adrianoff; — comment n'ai-je pas deviné tout de suite! Oh! pardon, madame!... Oui, cet enfant, c'est un enfant à vous... un enfant que Georges ignore...

— Que dit-il? pensa Valentine se jetant avec avidité sur cette erreur d'Adrianoff. Oui, c'est cela, qu'il ignore.

— Et Georges a des soupçons? poursuivit l'excellent Adrianoff, heureux de sa perspicacité.

— Oui... des soupçons... répéta Valentine... Mais le convoi va partir.

— Il faut que cet enfant disparaisse!

— Oui, oui!... vous avez tout deviné... Mais le convoi! — S'ils allaient revenir! ajouta-t-elle en prenant le bras d'Adrianoff.

— Oui, vous seriez perdue si Georges apprenait... Pauvre femme!

— Complétement perdue. Mais le convoi!

— Je vous sauverai !

— Vous seul pouvez...

— Mais j'y pense, un de ces deux traités vous revient.

— Gardez-les tous les deux !

— C'est impossible, madame.

— Eh bien, Adrianoff, l'un à vous...

— Et l'autre ?

— L'autre à Dieu... Mais, au nom du ciel, partez ! La cloche a sonné le troisième coup. Valentin est là... Emmenez-le... moi, jamais !... Trompez-le... dites-lui que nous allons partir tous les trois... dites-lui que je vais vous retrouver au chemin de fer dans un instant... dites-lui... allez ! mais allez !... Non, restez ! je veux l'embrasser encore une fois. — Non ! je ne le laisserais plus partir... partez !

Valentine, noyée au milieu de toutes ces irrésolutions, se cacha le visage dans ses deux mains crispées, après avoir poussé devant elle Adrianoff pour qu'il partît. Sa bouche, remplie de sanglots et de pleurs, n'avait qu'un mot, et ce mot revenait avec ses pleurs et ses sanglots sur ses lèvres : « Georges ! Georges ! Georges ! » Mais elle ne resta pas longtemps en place quand Adrianoff eut exécuté sa volonté si combattue. Elle s'élança dans la direction qu'il avait prise, en criant :

— Mon fils ! mon fils ! ma vie ! Ah ! c'est impossible ! je ne veux pas, je ne veux plus !

Elle était folle. Elle courut après Adrianoff.

A ce moment, le chant entendu dans la matinée se fit encore entendre dans la brume du soir, doucement propagé par les échos de la campagne :

Vierge des eaux, entends notre prière,
Conduis nos bras, bénis nos avirons ;
Si notre barque arrive la première,
C'est nous qui te bénirons.

Le chœur finissait quand Hélène revint, ainsi qu'elle l'avait promis, pour connaître la décision suprême de Valentine, celle qui devait tout dénouer, tout conclure dans ce drame si fatalement enchaîné.

— Quel silence ! dit-elle en marchant dans la demi-obscurité du bosquet de verdure où elle avait laissé Valentine et Adrianoff; personne ! quel silence ! quelle solitude ! j'ai peur ! Valentine nous a dit pourtant que c'est ici que nous la retrouverions... Ah ! l'on vient.

Georges et Fabry, Fabry le bras en écharpe, tous deux

excessivement agités, se présentèrent à Hélène dans un désordre d'esprit peu fait pour calmer le sien.

Georges disait :

— Je vous assure que ces cris que nous entendons d'ici ne partent pas de la fête.

— D'où viendraient-ils ?

— Je ne sais; mais on dirait plutôt des cris d'alarme.

Il courut vers un endroit plus clair du massif d'où l'on découvrait Asnières, et il ajouta :

— Tenez, Fabry, voyez, regardez ! Regardez là-bas, au bas du pont... le rivage est couvert de gens qui sondent la rivière avec inquiétude. — Où est Valentine?

— En effet, on dirait qu'on retire quelqu'un du fond de l'eau.

— Un grand malheur vient d'arriver à cet endroit. Mais où est donc Valentine? Pourquoi n'est-elle pas là ?

— Je la cherche aussi, répondit Hélène, je la demande comme vous ; je n'ai trouvé personne pour me dire...

Pendant cinq minutes, un désespoir confus plana sur ce point où n'osaient se dire toute leur pensée Georges, Fabry et Hélène,

— Ah! voici Gabriel! peut-être saura-t-il!... s'écria Georges.

Gabriel, pâle, en sueur, les vêtements ruisselants d'eau, remit à Georges, sans prononcer une seule parole, le cachemire blanc de Valentine.

— Morte! morte! s'écria Georges. Ah! perdue pour toujours!

C'est tout ce qu'il eut la force de dire en tombant dans les bras de sa femme.

Et, dans l'éloignement, la voix des joyeux vainqueurs des régates répéta leur chœur favori :

Vierge des eaux, entends notre prière,
Conduis nos bras, bénis nos avirons;
Si notre barque arrive la première,
C'est nous qui te bénirons.

FIN DES MARTYRS INCONNUS.

COMMENT

ON SE DÉBARRASSE D'UNE MAITRESSE.

I

La foule venait de rentrer dans la salle, le foyer de l'Opéra était désert. Aucun provincial n'était resté pour admirer les arabesques d'or, afin de rendre compte à ses amis du département. On allait jouer le dernier acte d'un ballet ; comment perdre la pirouette du dénoûment sans perdre à la fois tout l'intérêt des actes précédents ? Chacun donc avait repris sa place, au grand contentement des ouvreuses, empressées de renouer leur dernier sommeil aux trois ou quatre sommeils interrompus de leur soirée. Cette heure avancée est pleine de charmes pour les vrais habitués de l'Opéra ; leur digestion est faite, ils ont rempli leurs oreilles de la ration d'harmonie dont l'usage leur a fait un besoin, et contenté leur regard paresseux d'autant d'entrechats qu'il leur en faut pour rentrer chez eux sans remords. C'est le moment où les conteurs du foyer se groupent, l'hiver, auprès de l'une des deux vastes cheminées pour échanger les nouvelles en circulation depuis la clôture de la Bourse. Heureux qui apporte une banqueroute inédite! le succès ou la chute d'un ouvrage représenté à un autre théâtre! un changement de ministère! une déclaration de guerre! A défaut de ces grands événements, que *le Moniteur* du lendemain ne confirme pas toujours, on se borne à dire beaucoup de mal du directeur de l'Opéra. Il n'y a si fine médisance qui vaille celle qui porte sur le maître de la maison.

Ce soir-là, par extraordinaire, il n'y avait que deux jeunes gens au foyer. Après avoir enlevé, pour ainsi dire, l'étain de la glace de la cheminée, à force de la consulter sur le nœud de leurs cravates, la coupe de leurs habits et le choix de leurs gilets; après avoir torturé leurs favoris et mâché leurs moustaches, ils s'étaient laissé aller de tout le poids de leur désœuvrement sur deux fauteuils. Leurs quatre fines chaussures décoraient le garde-feu, et leurs têtes ennuyées s'étaient creusé un trou moelleux dans le dos des fauteuils. Si les lézards avaient des jambes et des bottes, ils ne prendraient pas d'autre attitude. Je ne blâme pas. Il faut, même en ennui, du bon sens et de l'art. Tout le monde ne sait pas s'ennuyer. Un grand roi était celui qui disait à Cinq-Mars : « Mon mignon, viens avec moi à la croisée, et ennuyons-nous, ennuyons-nous bien. »

— Anatole, dit enfin un ennuyé à l'autre, as-tu toujours ton rat?

— Ma foi non! je l'ai abandonné à son malheureux sort.

— Ah! tu n'as plus ton rat?

Et, après cette haute communication de pensées, les deux amis avaient continué à faire rôtir leurs bottes et à enfoncer un peu plus leurs têtes dans le dos des fauteuils. Ils se reposaient de leur long effort d'esprit.

Au bout d'une demi-heure celui qui n'avait plus son rat, dit à l'autre :

— Et comment se porte ta panthère?

— Je l'ai lâchée.

— Ta parole d'honneur?

— Ma parole d'honneur. Mais, dis-moi, pourquoi n'as-tu plus ton rat?

— Figure-toi, répondit Anatole à Stephen, qu'elle s'était mis en tête de danser un pas. C'est leur rage à toutes, tu sais. Je lui avais promis son pas, pour en finir. Ma promesse n'était pas tombée dans l'eau. Quand j'entrais : « As-tu songé à mon pas? » Quand je sortais : « Mon ami, ne va pas oublier mon pas! » La prière se changea en persécution. En rêvant elle parlait de son pas. « Je veux mon pas! criait-elle; tout le monde en obtient excepté moi. C'est avilissant. Va trouver le directeur, va trouver les journalistes, il me faut mon pas ou la mort! »

— Quel infernal rat !

— Infernal rat, comme tu dis. Enfin je fis mettre dans les journaux : « Mademoiselle Florence est trop négligée vraiment ; sa place n'est pas dans le corps du ballet ; elle a des droits à se montrer au premier rang. » « Voilà que l'on commence à me rendre justice, » dit-elle effrontément, feignant d'oublier que cet acte de justice me coûtait 600 francs.

— Eh bien ! c'est fini.

— Ah ! oui, fini. Le maître de ballets n'a jamais voulu lui régler un pas. Il disait qu'il aimait mieux en créer un pour l'obélisque. Je lui rapportai la réponse.

— Et comment la prit-elle ?

— Fort mal. Nous avons résilié le bail, qui n'était pas emphytéotique, grâce au ciel. Je crois qu'elle a embrassé le notariat. Elle a 500 fr. par mois et les cadeaux.

— Pas forts sur les cadeaux, les notaires. A mon tour je t'apprendrai ce qu'est devenue ma panthère.

— C'est ça, Stephen, parlons-en.

— Elle ne me tannait pas pour un pas, elle.

— Elle voulait débuter aux boulevards. M'a-t-elle

amusé avec ses tirades de *Richard d'Arlington*, au souper que nous donna Minette; tu te souviens, Stephen?

— Te voilà au courant. J'avais beau lui dire qu'on ne débute pas à vingt-neuf ans....

— Vingt-neuf faits comme trente.

— Oui, mais les femmes ne disent jamais trente; elles sont comme les marchands de chaufferettes : ils n'en vendraient pas s'ils les mettaient à quarante sous la pièce. Ils les crient toujours à trente-neuf. Je poursuis. Mes avis n'y pouvaient rien. Tous les soirs j'étais obligé d'aller entendre : *Pauvre Mère! Pauvre Fille! Pauvre Frère! Pauvre Oncle!* Au bout du compte il en résulta que son appartement fut le rendez-vous des troupes réunies de la Porte-Saint-Martin, de l'Ambigu, des Folies-Dramatiques, de la Gaîté. Un jour que la panthère était sortie, je monte chez elle; tu connais sa négligence. Pas un tiroir n'était fermé. Au premier que je visite, par désœuvrement, qu'est-ce que je vois?

— Pas de billets de banque.

— Autre chose. Des déclarations d'amour de tous les *jeunes-premiers* des boulevards. Mon ami, une liasse de protestations galantes; les protecteurs offraient des rendez-vous, des dîners; du reste elle ne pouvait manquer, au bout de quelques mois de leçons, de contracter un superbe engagement avec le directeur de son choix.

— Et tu as cravaché ta panthère au retour?

— Mon Dieu non; pas plus que tu n'as tué ton rat. Je me suis borné à faire imprimer sa correspondance dramatique avec vignettes et encadrements et je la lui ai envoyée en volume.

— Bravo! Et tu es libre?

— Comme toi, Anatole.

— Que ne puis-je en dire autant que vous deux! s'écria un survenant en se plaçant dans un troisième fauteuil autour du garde-feu.

— C'est bien facile, imite-nous, Léonard.

— Vous imiter! Et le puis-je? L'affection qu'on me porte est si désintéressée.

— Ah! te voilà bien! Tu crois être aimé pour toi-même. Monsieur est arrivé hier de l'âge d'or. Son habit est encore poudreux.

— Je n'ai jamais voulu être aimé autrement, Anatole.

— Ne dis pas de ces bêtises-là, Léonard. Nous ne sommes plus au collége; il y a longtemps que nous avons traduit Ovide. Pour quel motif voudrais-tu être bienvenu d'une femme? Ceux qui ne les indemnisent pas sont des ladres ou des ruinés. La grande honte d'être aimé d'elles en échange des jouissances luxueuses qu'on leur procure! Il y a vraiment de quoi rougir de leur donner 500 francs par mois pour qu'elles soient mieux logées et qu'elles aient une femme de chambre pour les lacer. Est-ce que l'amour du monde se conçoit autrement? Va, grand innocent, il n'y a que les provinciaux qui veulent être aimés pour eux-mêmes, et qui croient qu'avec leur amour une femme se passe de dentelles, de châles et de pierreries. L'amour est un luxe : que celui qui n'a pas de quoi le payer, s'en passe.

— Ce que dit Anatole, reprit Stephen mettant sa jambe gauche sur sa jambe droite après avoir tenu longtemps sa jambe droite sur sa jambe gauche, ne t'émeut pas le moins du monde, j'en suis sûr, Léonard; mais, réponds-nous franchement, combien as-tu dépensé pour cette intéressante femme qui t'aime, bonheur extrême! ô joie suprême! uniquement pour toi-même?

— Rien!

— Depuis combien de temps la connais-tu?

— Depuis six mois.

— Que lui as-tu envoyé au premier de l'an?

— Un meuble en ébène.

— De Tahan?

— Oui, de Tahan.

— Soit, 2,000 francs.

— Et pour sa fête?

— Une bagatelle. Quelques bronzes pour sa cheminée.

— Cela veut dire une pendule et deux flambeaux. Soit encore 1,500 francs.

— Tu lui envoies un bouquet tous les deux jours?

— Tous les deux ou trois jours.

— Soit encore 500 francs.

— Tu lui loues une loge chaque fois qu'elle a envie d'aller à l'Opéra. Ajoutons 1,000 francs. Ajoutons aussi les cadeaux à la femme de chambre, car les femmes de chambre nous aiment peu pour nous-mêmes. Cent écus en six mois, ce n'est pas exagérer le chiffre. Total approximatif, cavé au plus bas, 5,300 francs. Une femme qui ne t'aurait pas aimé pour toi-même ne t'aurait guère coûté que 3,000 francs pour le même temps. Tu es refait de 2,300 francs. L'amour pur et désintéressé vaut cela. Qu'as-tu à répondre ?

— Beaucoup. D'abord que je ne donne pas de la main à la main.

— Bien trouvé ! La chose est sauvée, parce que tu envoies l'argent directement aux fournisseurs de madame. Cela n'est pas même de la galanterie, c'est de la maladresse; le billet de 1,000 francs dépensé pour une femme n'a pas, à ses yeux, la valeur d'un billet de 500 francs qu'elle change elle-même.

— Mais vous tuez la poésie, mes bons amis.

— Non! s'écria Stephen, mais l'hypocrisie. Changeons de propos. Est-ce que l'amour pur t'ennuierait déjà, que tu souhaitais, il n'y a qu'un instant, d'être libre comme nous?

— Loin de là! mais madame, qui redoute le retour très-prochain de son mari, m'engage beaucoup à l'accompagner en Italie. J'y serais tout disposé, sans l'horrible peur de vous perdre de vue, mes bons amis, Anatole, Stephen, et encore notre excellent Vaudreuse.

— Parbleu! nous t'accompagnerons, s'écria Anatole. C'est un voyage de deux mois. Que Stephen dise oui, je dis oui!

— Moi, je dis oui.

— Mes amis, c'est promis!

— C'est juré, Léonard!

— Tous les frais de voyage à mon compte, sinon, non.

— Mais, mon vieux Léonard, tu auras encore 10,000 ou 12,000 fr. à mettre sur le compte de l'amour désintéressé.

— Point de raillerie; vous me rendez trop heureux. J'emmène avec moi le Café de Paris, Tortoni et le foyer de l'Opéra.

— Oui ! réfléchit Stephen; mais Vaudreuse?

— Mais Vaudreuse? répéta Anatole.

— Je m'en charge, répliqua Léonard. Je l'attends à minuit chez moi pour souper. Soyez des nôtres. Nous le déciderons tous ensemble.

— Il n'est pas loin de minuit, remarqua Stephen.

— Eh bien, partons, dit Léonard. J'ai ma voiture en bas.

Les trois amis quittèrent enfin leurs fauteuils en fredonnant : Salut ! Venise la folle ! Quand chanterons-nous en gondole une joyeuse barcarolle ?

II

En province et dans beaucoup d'arrondissements de Paris, qui ne sont pas moins que la province, on s'imagine, d'après je ne sais quelles fausses inductions, qu'il est du bon ton, chez les jeunes gens riches et lancés, de crever des chevaux, de s'abîmer l'estomac à force de boire du vin de Champagne et de se ruiner la santé en orgies. Ceci n'est pas seulement exagéré, c'est généralement faux. Ces jeunes gens se soignent comme des femmes, déjeunent légèrement, prennent de l'exercice avec modération, et s'ils se couchent à deux heures après minuit, ils ne se lèvent guère qu'à midi pour rester ensuite un quart d'heure au bain et se purifier le corps comme des musulmans. Si l'on n'admet pas cette chasteté selon le monde, comment expliquer l'étiquette de leur santé, la durée de leur jeunesse, le repos de leur teint? Faublas n'est pas leur modèle, car Faublas termine son pèlerinage à dix-huit ans, devinant bien qu'à trente ans il aurait été goutteux, éreinté, incapable de lutter même avec le marquis de Lignolles. Et quel profond contre-sens chez Louvet! Son Faublas, qu'il produit comme un homme d'esprit, se lève toujours de bonne heure et on ne le voit pas une seule fois se mettre au bain. Jamais le pédicure ni le dentiste n'entrent chez lui. On peut gager que ses ongles étaient limés jusqu'à la chair. J'ai toujours regardé Faublas comme un type de hasard, comme une gravure licencieuse, créée pour irriter les goûts des commis, qui se figurent que les marquises se nourrissent de pâte d'amande.

Léonard n'avait pas un appartement de roué, et il avait trop d'esprit pour faire asseoir ses amis sur des roses, ce qui serait fort incommode, malgré l'autorité des anciens. Autant vaudrait louer l'odeur du crin où l'on s'assied, que de vanter les roses comme un doux siége. Chez lui, on s'asseyait sur de jolies chaises en velours vert, et on posait ses pieds sur des tapis moelleux comme quatre pouces de neige. L'appartement qui attendait les trois amis de Léonard était chauffé à un degré délicieux de température : ni trop ni trop peu de clarté, milieu qui n'est pas si indifférent qu'on le pense à l'édification des sens. Un souper est une perle excessivement précieuse; les ignorants percent la perle; les habiles seuls, et ils sont rares, savent la monter en diadème. Cherchez encore un souper qui ait le sens commun dans Faublas; triste viveur! il n'est pas impossible qu'il bût de la bière, ce vin des Allemands.

Nous devons encore ajouter que nos jeunes gens n'avaient invité aucune femme à souper, non que ce fût une habitude prise, mais les avoir pour convives n'était pas non plus un engagement de tous les jours. Il est donc légèrement erroné de croire que, dans leur catégorie peu connue, on se fasse verser du chambertin dans des coupes de nacre par des déesses d'opéra. Les déesses d'opéra sont très-rangées; leurs maris montent la garde et leurs enfants sont élevés par les frères des écoles chrétiennes.

La seule femme qui se trouvait chez Léonard était une bonne cuisinière, merveille dont il savait le prix, et que s'inquiètent d'avoir tous ces jeunes gens dont on croit avoir poétisé les raffinements sensuels en les faisant dîner aux Frères-Provençaux. Les meilleurs dîners ont lieu chez eux, apprêtés par les mains savoureuses de leurs cuisinières, qui ne leur servent ni des mets ambrés, ni des vins couleur d'or, mais des volailles succulentes, des gigots cuits avec une sagacité mathématique. Pour vins, ils ont du bordeaux d'abord, et du champagne ensuite, vins qui, bus même avec excès, ne grisent que les gens de peu.

Enfin, Vaudreuse entra; il était minuit un quart.

— A table! dit Léonard. Marguerite est déjà fâchée du retard. A table!

— Tiens! dit Anatole, placé en face de Vaudreuse, comme Vaudreuse a la figure renversée! est-ce que tu serais fâché de nous trouver ici?

— Je n'ai rien.

— On n'est jamais plus en colère que lorsqu'on répond ainsi.

— Eh bien, j'ai... j'ai une petite contrariété domestique.

— Ton rat t'a rongé aujourd'hui ?

— Vous savez que je n'ai pas de rat, à proprement parler.

— C'est toujours ta pianiste?

— Est-ce qu'elle veut débuter aussi? c'est dans l'air, ma parole d'honneur, dit Stephen, ravivant la peine d'Anatole.

— Plût au ciel qu'elle voulût débuter! elle ne me tyranniserait pas comme elle le fait.

— Et que veut-elle donc?

— Ce qu'elle veut! ce qu'elle veut! elle veut l'impossible.

— On la contentera plus aisément.

— Je voudrais vous voir à ma place. D'abord, elle exige que je sois rentré à onze heures.

— Et que tu te couches à neuf, interrompit Anatole.

— Je te vote un bonnet de coton, ajouta Stephen.

— Continue, dit Léonard à Vaudreuse.

— N'est-ce pas intolérable? Ensuite, elle exige que je ne joue pas au cercle?

— C'est de l'inquisition.

— Toute pure.

— Hier, elle m'a dit : « Vous avez perdu, l'autre soir, cent louis; l'autre soir encore cent cinquante louis; il n'est pas de jour où vous ne rentriez sans l'argent que je vous vois prendre dans votre secrétaire : vous n'emporterez plus avec vous que quarante francs. »

— Et en gros sous ! s'écria Anatole.

— Non, en or, avec promesse de les rapporter, reprit Stephen.

— J'avoue que l'exigence est lourde, ajouta Léonard.

— Et ce n'est pas tout.

— Encore !

— Ecoutez !

— Parle, Vaudreuse, cela soulage sur le bordeaux.

— Vous savez que j'ai cessé depuis un an de voir ma mère, tombée dans les excès d'une dévotion insupportable, si insupportable, qu'elle m'assommait tous les jours de sermons et n'avait que la faible prétention d'exiger de moi que j'allasse au moins tous les dimanches à la messe, à Notre-Dame-de-Lorette.

— *Avez-vous vu dans Barcelone!* chantonna Stephen.

— *Adieu, mon beau navire!...* répéta Anatole.

Plus grave, Léonard entonna d'une voix de basse-profonde : *Pange lingua...*

— Or, Ambroisine n'a-t-elle pas projeté de me rapprocher de ma mère, en me disant que j'avais tort de ne pas imposer quelques sacrifices à ma manière de voir ; qu'il en coûtait peu de passer une heure à l'église, et dans une église charmante, où l'on entend de l'excellente musique et où l'on voit de jolies peintures? Vous devinez comment j'ai accueilli sa proposition.

— Tu lui as répondu :

> Accourez tous, venez entendre
> Un ami de l'humanité.

— Je lui ai répondu à peu près cela ; mais elle a recommencé sa morale le lendemain, le surlendemain, tous les jours. Ces répétitions sont désespérantes.

— Vaudreuse cédera, dit Stephen.

— Il ne cédera pas, riposta Léonard.

— Il cédera, dit à son tour Anatole.

— Je la renverrai à son pensionnat, répondit à son tour Vaudreuse en buvant d'un trait un dixième verre de bordeaux. C'est conclu, c'est arrêté.

— Est-ce qu'elle sort du couvent? demanda Stephen.

— A peu près. Je connus Ambroisine chez ma cousine à qui elle donnait des leçons de piano. Elle courait le cachet toute la journée, et le soir elle rentrait dans un pensionnat à la barrière de l'Etoile. Elle me plut, je lui convins, et je la pris avec moi.

— Mauvais système, fit observer Stephen.

— Hélas! oui, répondit Vaudreuse en soupirant. Croiriez-vous que je l'ai surprise, malgré mes recommandations, malgré le soin que je prends de satisfaire ses moindres désirs, allant encore à ses leçons, et cela, m'a-t-elle répondu, pour ne pas perdre ses élèves!

— Quel genre! s'écria Anatole.

— Ne prend-elle pas du tabac? s'informa Stephen.

— Vous m'approuvez donc d'avoir résisté comme je l'ai fait ce soir, et de lui avoir dit : Je ne rentrerai qu'à trois heures cette nuit, j'irai jouer au cercle ou ailleurs, et vous le trouverez bon ?

— Que je t'embrasse, dit Anatole; tu es un homme.

— Mon ami, dit Léonard, ta détermination est une inspiration du ciel. Anatole a quitté son rat, Stephen sa panthère; tu romps avec ton Ambroisine, et tu es des nôtres. Nous partons dans huit jours pour l'Italie.

— Fat qui s'en dédit ! s'écria Vaudreuse : que ce verre de bordeaux me soit du surène si je ne vous accompagne pas.

— Messieurs, vous l'avez entendu? dit Léonard.

— Il ne viendra pas ! répliqua Anatole.

— Il ne viendra pas ! affirma Stephen.

— Il viendra ! vous dis-je.

— Non, te dis-je, Léonard. Vaudreuse a la tête échauffée en ce moment, tout lui paraît possible : c'est un matamore; demain il n'osera pas souffler un mot devant son Ambroisine. Lui ! un brin de paille l'arrête.

— Vous me piquez d'honneur, messieurs. D'ailleurs, à qui ai-je donné le droit de douter de mes engagements?

— Mon excellent ami, dit Stephen en tendant la main à Vaudreuse, ta parole est sacrée, mais nous ne voulons pas de tes serments.

— Et moi je m'engage par serment à me débarrasser

dès demain de cette ennuyeuse maîtresse. Me croirez-vous maintenant?

— Elle est bien jolie, Vaudreuse.

— Elle a bien de l'esprit.

— Elle t'aime beaucoup, Vaudreuse.

— Elle est rusée.

— Elle a l'avantage de n'avoir aimé que toi.

— Elle te fait de la musique, et tu es passionné pour la musique.

—Vous m'exaspérez! Vous êtes mes démons, Stephen, Anatole, et toi aussi, Léonard. Je vais me fâcher. Assez, messieurs! Quand Vaudreuse a donné sa parole d'honneur, il se croit offensé si toute discussion n'est pas levée.

— En ce cas, à notre bon voyage d'Italie! Au serment de Vaudreuse attachons-en un autre que nous ne trahirons pas davantage, messieurs; jurons de ne plus boire du champagne qu'au pied du Vésuve.

Radouci, Vaudreuse ajouta :

—Je perds mille louis, que vous dépenserez en Italie, si je ne suis pas de votre voyage après avoir rompu avec Ambroisine.

— C'est donc un pari de mille louis? fit observer gravement Léonard.

— Oui, un pari de mille louis, répéta Vaudreuse.

— Nous le tenons! dirent ensemble les trois amis.

III

C'est une bien heureuse disposition d'esprit, celle que procure le jeu quand, après de nombreuses déceptions, il vous surprend par un gain disproportionné avec des pertes si vite oubliées. On revit; on recouvre la vue et l'ouïe; on manquait d'espace, et l'univers se déroule tout à coup sous vos pieds avec toutes ses richesses, immense paradis où aucun fruit n'est défendu. Il arrive même que le cœur est si puissant de l'énergie de l'imagination, qu'il est si plein jusqu'au bord, qu'il ne sait où pencher. Avec cet or, cet or divin, voyagera t-on? Ira-t-on en Italie, en Espagne, en Grèce? Si l'on faisait le tour du monde? Achètera-t-on une campagne sur les bords de la Loire entre deux bras du fleuve? si l'on tirait quelques amis de la misère? Quelle sublime conflagration de désirs s'établit dans le cerveau à la vue de cet or, rigoureux mobile, non-seulement de tous les plaisirs, mais encore de presque toutes les vertus. Des imbéciles méprisent l'or, c'est absolument comme si l'on méprisait le bonheur que l'or représente, et que lui seul à peu près représente. L'or du jeu a une voix, il chante, il vous berce. Grâce à cet or, on touche à tout par les mille rayons du désir et l'on reste suspendu. C'est une espèce de douce, de suave catalepsie; si, au moment où on l'éprouve, on ne venait pas vous en tirer, on mourrait peut-être dans cette extase que les saints et les joueurs seuls connaissent. Mais le monde ne manque jamais de ces sortes d'appels. Une lampe de fête luit quelque part, un souvenir revient, un ami passe : on touche un sens, il s'éveille, il éveille les autres, et l'on est redevenu homme.

Vaudreuse goûtait la satisfaction céleste du gain avec plénitude, au moment où un domestique du cercle lui remit un billet dont l'écriture lui était parfaitement connue. Avant de se retirer dans un coin du salon pour en lire le contenu, il fourra dans ses poches l'or et le tas de billets de banque amoncelés devant lui par la marée de la fortune. Que me veut encore Ambroisine? Qu'est-ce que cela signifie de m'écrire à cette heure-ci? Voyons.

Stephen, Anatole et Léonard avaient deviné sans peine de qui pouvait être ce billet écrit à Vaudreuse. Ils se concertèrent et ne perdirent pas un mouvement de leur ami. Bref, dans sa rapide rédaction, le billet fut parcouru d'un regard. Après l'avoir lu, Vaudreuse le froissa comme si ce n'eût été qu'un billet de banque; il chercha ensuite, avec la vivacité d'un homme pressé de sortir, sa canne et son chapeau. Pendant qu'un valet de pied lui jetait le manteau sur les épaules, il appela ses trois amis; avec la joie la plus expansive, il leur dit :

— Je vous rappelle, mes amis, que c'est à dater d'aujourd'hui que commencent les huit jours au bout desquels j'ai promis d'avoir rompu avec Ambroisine et de partir avec vous pour l'Italie.

Vaudreuse sortit.

— Bon! C'est lui maintenant qui se méfie de nous, dit Stephen. Voilà de l'original!

— Augurons bien de sa fermeté, ajouta Léonard.

— Ce n'est pas de la fermeté, c'est de la fanfaronnade : augurons mal.

Comme il n'était que deux heures et demie, les trois amis allèrent de nouveau s'asseoir à une table de jeu.

IV

En entrant dans son appartement, Vaudreuse affecta un air délibéré dont Ambroisine ne s'effaroucha guère, quoique son cœur battît fort. D'un ton de persiflage, il débuta par dire, en se débarrassant de son manteau et en lançant ses gants sur un fauteuil.

— Ma foi! vos 40 francs, ma chère amie, m'ont porté bonheur? probablement vous les aviez fait bénir. Voyez, avec ces 40 francs, j'ai gagné plus de 20,000 francs. La caisse d'épargne, par vous si prônée, ne rapporte pas cela en un an. Je ne mens pas, regardez! M'en voulez-vous encore d'avoir joué? Ne me grondez pas davantage de n'être pas rentré précisément à onze heures; c'est de onze heures à deux heures que la fortune m'a visité.

A propos, ajouta Vaudreuse, s'apercevant que sa raillerie s'émoussait contre la sérénité glaciale d'Ambroisine, à propos, vous venez de m'envoyer un billet assez étrange, assez déplacé. Cette liberté est d'un détestable goût. Puisque je n'étais pas rentré à onze heures, c'est que je ne le pouvais pas, c'est que je ne le voulais pas.

Vous me dites encore, je crois, que, lassée de ma conduite, vous voulez rompre sur-le-champ avec moi ; je trouve la résolution assez bizarre, vu l'heure de la nuit ; mais je ne m'y oppose pas cependant. Nous nous séparerons aux flambeaux, à moins que vous n'ayez voulu faire une plaisanterie, ajouta Vaudreuse, s'arrêtant fièrement sur le terrain où il avait si fièrement paradé jusque-là.

— Je n'ai voulu faire aucune plaisanterie, répondit Ambroisine. Vous avez pu remarquer un fiacre qui attend à la porte, et voilà mes paquets tout prêts à être emportés. Il n'eût pas été convenable de m'en aller avec les apparences d'une fuite. Je vous appartiens un peu tant que je suis ici, ajouta Ambroisine avec un accent de dignité paisible, et vous avez le droit de vous assurer que je n'emporte rien à vous.

— La délicatesse est vraiment excessive, répondit Vaudreuse, un peu ému intérieurement de voir que la détermination d'Ambroisine n'était ni feinte ni calculée ; j'aime mieux d'ailleurs vous avoir vue encore une fois avant notre séparation. Je dois vous remercier de cette attention.

Vaudreuse ne persiflait plus ; quoique grand pourfendeur de sentiments avec ses camarades du Café de Paris, il était infiniment moins bravache en face d'Ambroisine, c'est-à-dire en présence d'une affection vraie. Il l'avait aimée, il l'aimait encore beaucoup, malgré ses maximes d'indépendance. Devant elle, le sabreur rentrait dans la discipline.

Lui, qui s'oubliait si facilement en beaucoup d'endroits, n'eût pas osé déplacer un tableau de son appartement sans permission; lui qui jouait du bout de sa cravache avec les fleurs portées par certaines dames, dans certaines réunions, ne se fût pas permis, même en plaisantant, de toucher à un cheveu de la coiffure d'Ambroisine.

C'est qu'il n'est pas indifférent de dire que Vaudreuse n'avait pas emporté Ambroisine sous son bras par une nuit de bal masqué. Il ne l'avait prise à personne; il n'avait pas renchéri pour l'avoir. Au milieu de ses mauvaises amours, une passion sincère s'était jetée sur lui, sur son cœur. De là, son embarras extrême de se conduire avec sa liberté ordinaire, une fois chargé de l'existence d'Ambroisine, qui, s'étant donnée à son amant, n'avait pas cru faire beaucoup plus de mal en se logeant chez lui. Déception pour tous deux : elle s'était imaginé conquérir les droits d'une femme légitime en habitant avec Vaudreuse, et Vaudreuse avait cru la façonner en peu de temps à la vie des bohémiennes charmantes dont il s'amusait pendant quelques mois, pour les quitter ensuite sans regret, ainsi que cela se pratique. Vaudreuse fut vaincu. Il y avait trop d'amour vrai chez Ambroisine, pour qu'elle échangeât ses prétentions bien arrêtées contre l'éventualité brillante de maîtresse aux enchères. De jour en jour son caractère s'était développé, au grand étonnement de Vaudreuse, enchaîné peu à peu après avoir vécu sur la facile idée de reprendre son indépendance à l'heure de son caprice. Il arriva même que la répugnance d'Ambroisine à le suivre dans les sociétés habituelles où il allait, fut pour Vaudreuse une considération nouvelle de ne pas la traiter avec cette familiarité dont on s'arme plus tard pour dire aux dames de la spécialité de prendre leur congé et leur cachemire. Avec les amis de Vaudreuse, elle s'était toujours observée, ne permettant à aucun d'eux de compter sur le bénéfice d'une de ces brouilleries si fréquentes dans ces sortes de mariages trimestriels, pour lui offrir, le lendemain, souvent le jour même, la vacance d'un cœur et celle d'un mobilier; car il est établi dans les mœurs si imparfaitement esquissées dans cette histoire, qu'un ami du détenteur qui résilie, doit prendre la place du détenteur; et cela sans violence, sans provocation à duels, sans haine, sans froideur même. Et s'ils se rencontrent le lendemain dans les couloirs de l'Opéra, le dépossédé volontaire dira à l'acquéreur promu : « Madame se porte-t-elle bien? bien des choses de ma part, je vous prie. » A quoi l'autre répond : « Je ne manquerai pas. » De leur côté, ces dames ne méprisent jamais aucun des amants qu'elles ont eus;

en face du dernier possesseur, elles parleront des qualités particulières de ceux qui l'ont précédé; et aucune réflexion blessante, aucune expression de grossièreté jalouse n'arrêtera la parole sur les lèvres de l'indiscrète panégyriste.

Ambroisine n'était pas cela, et Vaudreuse s'en était autant félicité qu'amèrement plaint, selon les circonstances. Quel parti prendre? en était-il venu à se demander, depuis qu'il avait éprouvé la gène tyrannique dont il avait tracé un si touchant tableau au souper de Léonard, en présence de Stephen et d'Anatole.

— « Il est tout pris, lui aurait répondu un de ses trois amis : puisqu'elle veut sortir, ouvre-lui la porte. »

La porte était ouverte, le fiacre attendait dans la rue, les paquets étaient entassés sur les fauteuils; Ambroisine, enveloppée dans son manteau, n'avait certes pas la pensée de jouer la séparation; sa femme de chambre, prête à la suivre, était accoudée sur un carton. Et pourtant Vaudreuse ne prenait pas congé d'Ambroisine.

Après une heure passée à suivre les allées et les venues insignifiantes de Vaudreuse, Ambroisine se leva, s'approcha de son amant, et dégageant son bras de dessous son manteau, elle lui tendit sa petite main gantée :

— Adieu, monsieur.

— Vous partez donc, Ambroisine?

— Je crois qu'il est temps. Vous n'avez plus rien à me dire?

— Où allez-vous si tard? il est près de trois heures et demie.

— Je vais chez ma cousine; elle est prévenue.

— Ah! elle est prévenue.

Vaudreuse alla à son secrétaire, l'ouvrit pour rien, et le ferma pour le même motif.

— Alors, adieu, madame.

Ambroisine fit un pas vers la porte, sa femme de chambre était déjà sur le palier.

— Mais il me semble, dit Vaudreuse, que vous ne m'avez pas fait appeler seulement pour assister à votre départ?

— Et pour vous assurer, répondit Ambroisine, que je n'emportais avec moi, dans la précipitation de mon déménagement, aucun objet à vous.

— Précisément, dit Vaudreuse, j'aperçois sur cette table un service à thé qui vous appartient. Julie, prenez cela.

La femme de chambre obéit, et le service à thé en vermeil fut enfermé dans un des cartons que le fiacre attendait.

— Mais ce n'est pas tout, reprit Vaudreuse; j'ai à vous une foule d'autres choses.

— Je n'aurais jamais osé vous les réclamer.

— Et moi, madame, je tiens à vous les rendre. Accordez-moi quelques minutes.

Après un peu d'hésitation, Ambroisine s'assit au bord d'un fauteuil, mais sans même dénouer son chapeau.

— Vous avez quelque droit, j'imagine, reprit Vaudreuse, sur ces porcelaines du Japon. Elles furent données autant à vous qu'à moi par notre ami commun, le capitaine Black, de Baltimore. Gardez le cabaret tout entier, Ambroisine, pour peu que vous le souhaitiez.

— Non, monsieur, je ne veux pas de vos largesses.

— Parbleu! nous le partagerons, puisqu'il en est ainsi. Aussi bien, aucune de ces douze tasses n'est semblable à l'autre. A vous six, à moi six. A qui le sucrier?

— A vous, monsieur.

— Alors à vous, madame, le plateau de laque. Et j'y songe, la chaîne de ma montre vous appartient. Prenez! prenez!...

— Mais la montre est à vous, monsieur.

— Vous voulez donc me la rendre? Soit!

Vaudreuse mit tant de dépit à séparer la chaîne de la montre, qu'il eut l'air, en détachant le dernier anneau, de le briser avec colère.

Avec sang-froid Ambroisine prit la chaîne, et dit, en la déposant sur le marbre de la table :

— Je ne l'accepte plus; vous la regrettez trop.

— Je fais si peu de cas de tout cela, s'écria Vaudreuse, que je suis tenté de jeter cette montre par la croisée!

Ambroisine ne s'étant pas opposée au mouvement de Vaudreuse, celui-ci tint, par point d'honneur, à réaliser sa menace. Il ouvrit la croisée et lança la montre dans la rue.

Loin de manifester de la surprise, Ambroisine prit la chaîne et la jeta tranquillement par la fenêtre. — Ainsi, dit-elle, si la même personne trouve les deux objets, la montre lui dira l'heure à laquelle elle a ramassé la chaîne.

— J'espère, dit Vaudreuse après quelques minutes données à concentrer sa colère, j'espère que nous n'aurons pas de dispute pour le partage des tableaux qui sont ici, à moins que vous n'ayez l'intention de mettre les passants dans leurs meubles.

— Je ne serais pas fâchée, j'en conviens, répondit Ambroisine, de ne pas me séparer de deux ou trois paysages que je m'étais habituée à regarder comme étant à moi.

— Prenez, Ambroisine, choisissez.

— Julie, dit Ambroisine à sa femme de chambre, décrochez ces deux tableaux, et posez-les soigneusement sur les cartons.

— Quoi! s'écria Vaudreuse, vous m'emportez cette vue de l'Auvergne!

— Vous me laissez le choix, monsieur...

— Mais c'est un souvenir de famille; le château que cette peinture reproduit avec tant de fidélité est celui de ma sœur.

— J'affectionne singulièrement cette peinture, monsieur.

— J'ai couru dans ce parc, j'ai joué sous ces arbres, autour de ces bassins.

— Il est d'une excellente couleur, et je serais désolée de ne plus le voir, répondit Ambroisine.

— Votre envie, s'écria Vaudreuse, n'est que de l'ironie, de l'injustice! vous le retenez pour me faire de la peine. Eh bien! je me vengerai de la même manière. Vous avez oublié de réclamer ce pastel, ce Greuze qui est tout votre portrait; eh bien! vous ne l'aurez pas; non! vous ne l'aurez pas, quoique ce soit votre portrait.

— Faut-il l'emporter, madame? demanda la femme de chambre, montrant assez par sa question qu'elle ne regardait pas le moins du monde comme un droit sérieux celui de Vaudreuse.

— Laissez cela, Julie, et arrangez-moi mon manteau.

Ambroisine se levait pour partir, quand on entendit gratter derrière la porte de la chambre à coucher.

— C'est Edith, ma levrette ! s'écria Ambroisine, et je la réclame. Elle ne sera pas oubliée comme mon portrait.

— Et moi je la veux aussi ! repartit vivement Vaudreuse. Elle restera ici où elle a été élevée.

— Elle me suivra ! car c'est moi qu'elle aime le mieux. Pauvre petite chienne ! penseriez-vous jamais à lui donner du lait le matin ?

— Je prendrai, madame, un domestique qui en aura soin ; un groom exprès pour elle. N'ayez donc nul souci.

— Après tout, répliqua Ambroisine, Edith est à moi ! c'est une tyrannie grossière de m'empêcher de l'emporter.

— Ne vous mettez pas si fort en colère, madame, je vais lui ouvrir la porte ; quand elle sera libre, nous verrons avec qui de nous deux elle voudra rester. Son choix décidera entre nous.

— Essayez, monsieur, faites !

La femme de chambre ouvrit la porte à la petite levrette, qui se trouva aussitôt placée dans l'alternative de suivre sa maîtresse, qui la regardait à un bout de l'appartement, ou de demeurer avec Vaudreuse, qui avait aussi fixé ses yeux sur elle.

Une double, une égale affection la scella à la même place, caressant Ambroisine d'un mouvement de tête, accompagné de tendres petits aboiements, et flattant son maître d'un frétillement de sa petite queue émue. La pauvre Edith s'épuisait en contorsions, en une foule de petites fêtes, qui, en vérité, semblaient dire qu'elle comprenait le jugement qu'on attendait d'elle.

Un instant, elle parut se décider pour Vaudreuse; elle avança un peu vers lui.

—Ah! vous agissez de ruse! s'écria Ambroisine; pourquoi remuez-vous les doigts?

— Je ne remue pas les doigts. C'est vous qui séduisez Edith. Voyez, au son de votre voix, elle a couru vers vous. Pourquoi avez-vous parlé?

— Moi, j'ai parlé! mais je n'ai rien dit.

En effet, en entendant parler sa maîtresse, Edith avait rebroussé chemin et rétrogradé de son côté.

Cependant, lorsque la levrette se retrouva au même point, une seconde fois, à égale distance d'Ambroisine et de Vaudreuse, elle demeura suspendue entre sa double volonté, et de fatigue enfin, elle se coucha sur ses jolies petites pattes satinées et elle s'endormit.

—Raisonnablement, dit Vaudreuse, puisque Edith n'a pas voulu prendre un parti, nous ne pouvons pas la couper en deux.

— Il ne sera pas dit, repartit Ambroisine, que vous l'aurez emporté sur moi. J'attendrai qu'Edith s'éveille pour voir si une seconde épreuve me sera plus favorable.

— En ce cas, dit Vaudreuse, j'attendrai aussi.

— Faut-il déshabiller madame? demanda l'espiègle femme de chambre.

— Non, je passerai le reste de la nuit dans ce fauteuil; avancez-moi seulement un tabouret.

— Pour moi, je dormirai fort bien sur ce canapé.

— A votre aise; bonsoir, monsieur.

— Bonne nuit, madame.

Grâce à l'incident d'Edith, Ambroisine, dépitée, consentit à différer sa rupture jusqu'au matin. Elle ferma les yeux.

Vaudreuse fit semblant de dormir, et Julie, après avoir congédié le cocher, remonta au salon et se coucha sur le tapis.

V

Le jour tarda un peu à paraître ; en hiver, l'aurore n'a pas constamment les doigts de rose ; ce ne fut que vers neuf heures que la femme de chambre s'aperçut, en s'éveillant, que Vaudreuse et Ambroisine n'occupaient plus leur place respective, l'un sur le canapé, l'autre dans le fauteuil. Tous deux avaient probablement pensé qu'on était aussi bien au lit pour bouder ; et dès que les lampes s'étaient éteintes au salon, ils avaient, à tâtons, regagné leur alcôve respective ; en sorte qu'Édith seule était restée sur le champ de bataille où avait eu lieu la fameuse explication de la soirée.

Puissance neutre, Julie, à tous hasards, prépara le lait et le thé pour ses maîtres, et lorsque l'aiguille marqua dix heures, elle se présenta à la porte de la chambre de madame, ainsi qu'à celle de monsieur, pour leur annoncer, selon l'usage, que le thé les attendait.

Plus forte que leur rancune, l'habitude les réunit l'un et l'autre autour de la théière, Ambroisine, dans un élégant peignoir de flanelle anglaise, Vaudreuse dans sa robe de chambre.

En gens bien élevés, ils évitèrent de revenir sur les motifs de leur rupture, fait arrêté, près de s'accomplir; ils avaient même trop de dignité pour laisser paraître quelque regret de leur action. On eut les mêmes égards réciproques, les mêmes attentions qu'autrefois dans cette première entrevue matinale. Seulement Vaudreuse, qui s'était accoutumé à savourer sa tasse de thé au son d'un morceau exécuté sur le piano par Ambroisine, attendit inutilement ce délicieux accessoire. Ambroisine resta à sa place; Vaudreuse n'eut pas de musique. Aussi lui fut-il impossible de prendre sa tasse de thé. Six fois il la porta à ses lèvres, et six fois il la remit plus froide devant lui. Terrible esclavage que l'habitude! pensa-t-il; mauvais pli de prendre du thé en musique. C'est une habitude à perdre; je la perdrai. Et il ajouta mentalement :

— On dit que Napoléon resta trois jours sans priser, faute de tabac, pendant la campagne de Russie. Fameux exemple d'habitude domptée. Je me dompterai.

Pourtant Vaudreuse ne toucha pas à la tasse de thé, et il passa en soupirant le long du piano muet.

Comme Ambroisine se levait aussi, on sonna. Julie allait ouvrir. Vaudreuse arrêta la femme de chambre par le bras, et alors une petite comédie soudaine et muette se passa entre ces trois personnages sous le retentissement métallique de la sonnette. Le visage de Vaudreuse indiquait une lutte acharnée entre ses désirs et son amour-propre; celui d'Ambroisine, un calme triomphant. Julie même avait son rôle dans cette scène d'une finesse exquise, complétement énigmatique pour un observateur étranger aux mœurs dorées de Paris. Au moment où l'on avait sonné, elle avait couru à la porte avec une précipitation peu généreuse pour son maître ou pour celui qui n'avait pas encore absolument cessé de l'être. Cependant elle n'avait pas ouvert. Le fil qui l'avait retenue dans son vol ne se voyait pas, quoiqu'il se prolongeât jusqu'à la main, désintéressée en apparence, d'Ambroisine.

C'est que dans l'arche où Vaudreuse avait enfermé, deux à deux, toutes les voluptés douces d'une situation enviée, il avait aussi, par mégarde, laissé entrer le créancier. Et le créancier, qui vit partout comme le vautour, avait flotté sur les plus belles mers avec lui. Une chose excusait Vaudreuse, c'est qu'il devait beaucoup; et ses dettes n'étaient pas ignominieuses; il n'était pas l'ignoble objet des persécutions d'un tailleur bavarois ou d'un bottier westphalien, ces honteux créanciers classiques, bons tout au plus au théâtre, ce ramassis de vieilles mœurs. Ses créanciers étaient d'une espèce plus distinguée. Ce sont de ceux qui sonnent fort, entrent chez leurs débiteurs à toute heure; parlent rarement de leurs droits ou de leurs titres : c'est là l'affaire de leur avoué. Ils sont allés au collége avec leurs débiteurs; ils ont doublé leur rhétorique ensemble; ils se tutoient; et le jour où ils savent que leur ami doit être arrêté par leur fait, ils lui envoient un avertissement. Amis charmants! Vaudreuse en avait beaucoup, et parfaitement inconnus les uns aux autres, quoiqu'ils se rencontrassent souvent chez lui. L'un fumait dans ses pipes d'ambre, l'autre jouait avec ses armes orientales. Celui-ci lui volait ses journaux; celui-là disai des douceurs à Ambroisine, tandis qu'on la coiffait. Et, en somme, c'était toujours elle qui parvenait à en débarrasser Vaudreuse, l'homme le plus inhabile à trouver la phrase avec laquelle on les congédie pour trois ou quatre jours; phrase d'or, phrase sublime, autrement belle que : « Madame se meurt! Madame est morte! »

Or, Vaudreuse pressentit à ce coup de sonnette que c'était un des visiteurs dont nous venons de parler; et il n'osait pas prier Ambroisine de se charger de la réception et des frais du dialogue, tandis qu'il s'en irait par une porte de sortie. Lui demander ce service, c'était reconnaître l'indispensabilité d'une femme dont il avait accepté la séparation, il y avait tout au plus l'espace d'une nuit. Pénible situation! plus pénible que celle de prendre du thé sans musique; car, pour se déshabituer du thé, on peut être seul; et pour se déshabituer d'un créancier, il faut être au moins deux à le vouloir.

— Ouvrez, dit Ambroisine à Julie; c'est M. Janvier. Je le recevrai dans ma chambre.

Vaudreuse respira; il passa dans la sienne, s'y renferma, et, en se mettant au bain, ce qui le consola de n'avoir pas pris du thé, il ne put s'empêcher de dire : — Il n'y a qu'Ambroisine pour recevoir ces gens-là.

C'est au bain que Vaudreuse lisait ordinairement ses lettres et ses journaux, et qu'il recevait ordinairement ses meilleurs amis, autre excentricité de la vie raffinée de Paris. Tel Richelieu du quartier d'Antin, soigneux dans sa tenue, réservé dans son langage au milieu du monde, ne voit aucune inconvenance à réunir autour de sa baignoire ses fournisseurs, et même les marchandes à la toilette, dont l'âge, il est vrai, n'est souvent pas la seule raison qu'elles aient pour subir cette licence. Je ne sais pas si les Orientaux vont plus loin. Quoi qu'il en soit, il arrive un moment, dans ces sortes d'ablutions libres, où l'on voit flotter à la surface de l'eau le journal du soir, les journaux du matin, des factures acquittées, des cigares de la Havane et des loges de spectacle.

Une petite porte, connue des intimes, s'ouvrit, et Anatole, le cigare aux lèvres et une boîte sous le bras, entra dans la chambre de Vaudreuse.

— Je suis heureux de te rencontrer, dit Anatole.

— Qu'as-tu donc dans cette boîte?

— C'est une charge que nous allons faire aux Napolitains.

Après avoir ouvert la boite, Anatole en tira un habit jaune avec des boutons d'acier et un collet en velours vert.

— Qu'est-ce que cette plaisanterie, Anatole ?

— Ce n'est que le commencement d'une plaisanterie, mon cher Vaudreuse. Ecoute : tu sais qu'à tort ou à raison, toi, Stephen, Léonard et moi, nous passons pour ne pas être étrangers aux mouvements de la mode. Paris nous reconnaît et Londres nous imite.

— Tu viens de faire un alexandrin.

— C'est sans préméditation. Encore un peu de patience. Notre renommée nous aura devancés à Naples, où Léonard vient d'écrire pour qu'on nous retienne un confortable appartement rue de Tolède.

— Il n'y a que cette rue à Naples ; il faut que les habitants l'aient volée.

— Ne m'interromps pas. Nous arrivons à Naples, et l'on s'empresse de venir savoir de nous quelle est la dernière mode qui fait loi à Paris.

— Je commence à comprendre.

— Alors tu devines que nos quatre habits jaunes, le ien porté au théâtre, les deux autres dans les salons, le mien sur une promenade publique, consacrent la conquête. Dix jours après, la meilleure société de Naples ne porte que des habits serins.

— Oui, jusqu'au moment où le *Journal des Modes* donne un démenti qui nous vaudra des coups d'épée.

— On a prévu la parade. On aura un numéro du *Journal des Modes*, tiré à mille exemplaires, qui seront distribués en Italie, quelques-uns à Naples, où l'on dira que personne à Paris n'ose plus se montrer autrement costumé que nous. La gravure y sera jointe. J'espère que la comédie sera complète.

— Complète, répéta Vaudreuse en sortant du bain.

— Tu ne sais peut-être pas, dit Anatole en essayant l'habit jaune à Vaudreuse, qu'on a sous-parié avec nous que tu nous ferais long feu, que tu ne nous suivrais pas en Italie.

— Plaisante obstination! s'écria Vaudreuse.

— Si extraordinairement plaisante, en effet, mon cher Vaudreuse, que tous trois nous avons parié contre trois autres camarades des sommes assez rondes. Sûrs de perdre avec toi, nous avons parié chacun 2,000 fr. que nous comptions au moins autant sur toi que sur nous. Nous jouons à coup sûr.

— Réellement vous ne courez pas grands risques. Une explication fort sérieuse a eu lieu entre Ambroisine et moi, cette nuit, après vous avoir laissés au cercle.

— Ce petit billet?...

— Précisément.

— Eh bien?

— Eh bien, c'est fini. Il était trop tard pour qu'elle s'en allât dans la nuit; mais à trois heures elle ne sera plus ici.

— Vraiment! Voilà pourquoi je te trouve un peu triste : cela se conçoit. C'est un mauvais pas; mais il est franchi. Tu es libre.

— Oui, libre! comme tu dis.

Vaudreuse étouffa un soupir en s'enveloppant dans son peignoir et en s'accroupissant au fond d'un fauteuil.

Il se fit un moment de silence entre les deux amis; ils purent entendre alors les bruits de la pièce voisine. C'étaient des pas multipliés, des fauteuils qui roulaient sur le tapis, des cordes qu'on nouait.

A un frémissement harmonieux, Vaudreuse passa soucieusement sa main sur son front et la laissa couler le long de ses fines moustaches.

Il ne put s'empêcher de dire :

— C'est le piano qu'on emporte. Tu vois que c'est fini. Un excellent instrument, ajouta-t-il.

— N'est-ce que l'instrument que tu regrettes? Vaudreuse, Vaudreuse! la chaîne n'est pas encore brisée.

— Quelle idée!

— Veux-tu m'en croire?

— Parle, Anatole.

— Souffre que je ne te quitte pas de la journée.

— Aurais-tu peur, Anatole, de perdre ton pari?

— Ou, si tu aimes mieux, Vaudreuse, de le gagner avec ceux qui ont parié contre moi, qui ai soutenu ton inébranlable fermeté.

— Je n'accepte pas ta proposition. J'ai promis de vaincre seul, sans le secours de personne. D'ailleurs, tu te méprends sur la situation de mon esprit. Je suis homme d'habitude et non de passion romanesque. A sa dernière minute, ce départ me préoccupe, mais il ne me désespère pas. Elle part, et je vais sortir. Nous nous entreverrons à peine. Je suis si peu ébranlé, que je ne veux pas profiter des sept jours que les termes de notre pari m'accordent. Dès ce soir, je me mets à votre disposition; et dès demain, si vous êtes en mesure, je pars avec vous trois pour l'Italie. Voilà ce que je vous confirmerai ce soir à table; car je vous invite tous les trois à souper. Charge-toi, Anatole, de communiquer l'invitation à Stephen et à Léonard.

— Compte sur nous pour ce soir, Vaudreuse. Adieu! à ce soir.

— Adieu, Anatole. A propos, achète-moi un waterproof pour le voyage, si tu traverses le passage de l'Opéra.

— Tu l'auras ce soir, Vaudreuse. Adieu.

VI

Quel délicieux musée qu'un cabinet de toilette! Quelle satisfaction n'éprouve-t-on pas à contempler en détail ces utiles frivolités de la vie civilisée! C'est à émerveiller le regard que ces lames d'acier forgées par l'Angleterre, cette reine du monde et bien plus encore de la propreté; que ces limes inventées pour donner aux ongles une coupe ovale, suavement voûtée comme la nacre; que ces brosses rudes et douces qui vont chercher un atome dans les linéaments de la peau; que ces fers calculés avec une adresse infinie pour isoler les dents, comme autant de perles, et les enchâsser autour du diadème de la bouche. Pourquoi la mémoire n'est-elle pas reconnaissante envers ces Lavoisiers modestes, créateurs de neiges odorantes, qui attendrissent les chairs, éclaircissent le teint, et font de l'homme, ce cadavre vivant, un jardin embaumé, une peinture flamande, une créature souple, heureuse à voir, belle sous le soleil. Après la prière et l'amour, rien n'est digne de l'homme comme les soins qu'il se donne; si le corps est le vase de l'âme, il faut que ce vase soit d'albâtre et que des nuages de parfum l'embaument.

Vaudreuse était un fidèle de cette religion limpide et salutaire, qui ne reconnaît pas pour siens les hommes dont la propreté se borne à se laver les mains et à s'imbiber d'eau de Cologne.

Il commença par mettre des bottines neuves; il essaya du moins, car son pied ne fut pas à demi chaussé qu'il sentit l'absence de celle sur qui il avait l'habitude de s'appuyer en se livrant à cet exercice. Faute de ce soutien, Vaudreuse chancela, devint rouge, pesta, heurta le mur du bout de la bottine, et ne parvint enfin qu'avec douleur et rage à se chausser. Ce contre-temps l'aigrit au delà de toute expression. Un autre l'attendait. Vint le tour de la chemise, labyrinthe de plis où ne s'installe pas qui veut; car si les gens grossiers se passent la chemise, il n'y a que les gens distingués qui savent la mettre. La première fut froissée, — jetée au sale; la seconde déchirée aux entournures, — jetée au sale; enfin la troisième sembla un peu mieux s'ajuster; mais quelles irritations nerveuses pour la boutonner sans tourmenter le tissu.

— Oh! Ambroisine! Ambroisine! s'écria-t-il en frappant du pied. Il n'y a qu'elle pour toucher à de la batiste sans la faner.

De découragement, Vaudreuse se mit à regarder à travers les carreaux ce qui se passait dans la rue. Triste aspect!... des brancards sur lesquels étaient les meubles d'Ambroisine stationnaient dans la neige qui couvrait le pavé. Il neigeait même beaucoup dans ce moment, et des ondées blanches couraient sur les riches albums, sur l'ébène des tables et la dorure des tableaux. De beaux chenets ciselés étaient en équilibre sur la borne du coin; on avait déposé, sur le panier du marchand de marrons, une admirable pendule. Les larmes en vinrent aux yeux de Vaudreuse, obligé de chercher une autre diversion à son douloureux mécontentement.

« Coiffons-nous, se dit-il; il est déjà bien tard. » Il se mit devant sa glace, prit un peigne et distribua ses cheveux, comme il en avait l'habitude, en deux sections. Un obstacle l'attendait au plus beau de son œuvre : la raie, cette difficile raie, pierre philosophale de la coiffure pour ceux qui n'ont pas longtemps exercé leur adresse. Impossible à Vaudreuse de tracer cette raie; d'autant plus impossible qu'il avait toujours eu recours à l'élégante patience d'Ambroisine pour la dessiner sur sa tête. Plus il s'impatientait, plus il brouillait ses cheveux, extraordinairement loin de former la raie. La colère l'étouffa : il brisa le peigne et il ébouriffa, de ses deux mains irritées, sa revêche chevelure. « Eh bien! s'écria-t-il, je changerai la manière de me coiffer. » A la suite de cette héroïque résolution, il abattit ses cheveux en masse et les lissa.

— A présent, dit-il avec une aigre ironie, j'ai l'air d'un chasseur de bonne maison. Je puis me présenter dans le monde.

Voyons si je serai plus heureux à nouer ma cravate.

On a écrit un beau livre sur l'art de mettre sa cravate; l'auteur y donne d'admirables préceptes; mais pourquoi, au lieu de préceptes, ne donne-t-il pas un domestique, un ami, quelqu'un qui sache entourer le cou de ce tissu, frise élégante du monument de la toilette?

Vaudreuse portait supérieurement ses cravates, mais jamais il n'avait su les nouer. On devine celle qui prenait cette peine pour lui.

Cependant il tenta de résoudre la difficulté. Le résultat fut, après des essais plus malheureux les uns que les autres, qu'il faillit s'étrangler, tant, dans son désespoir il serra la dernière cravate autour de son cou.

Malgré lui, sans que sa volonté y fût pour quelque chose, il se prit à appeler : Ambroisine! Ambroisine! Ambroisine!

— Me voilà! me voilà! répondit une voix charmante Qu'y a-t-il?

— Une dernière complaisance, mon amie. Nouez-moi ma cravate.

— Volontiers.

Et, debout, devant Vaudreuse, Ambroisine se disposa à lui arranger la cravate; tâche délicate pendant laquelle ses beaux cheveux châtains effleuraient les lèvres du jeune homme.

— Elle est vraiment adroite comme une fée, pensait-il. Je ne sens pas ses doigts. Jamais personne ne la remplacera. C'est un oiseau.

Singulier désir, Vaudreuse eût souhaité qu'Ambroisine se fût trompée, qu'elle n'eût pas tout de suite réussi, pour avoir le plaisir de l'avoir plus longtemps ainsi sous les yeux.

Et en effet, Ambroisine s'était trompée; le nœud ne vint pas à la première fois. Elle recommença avec plus d'attention; et, pour être plus sûre d'elle-même, elle retira ses gants. La peine ne fut pas perdue; le nœud fut ce qu'il était toujours, un modèle de perfection. Vaudreuse retint dans ses mains les deux mains d'Ambroisine et les couvrit de caresses. La reconnaissance fut plus forte que tout; elle alla si loin, que Vaudreuse ne sortit pas de la journée et qu'Ambroisine était encore chez lui quand arrivèrent, pour souper, Léonard, Stephen et Anatole.

Le couvert était mis, les bougies illuminaient les cristaux de la table; les domestiques, la serviette sur le bras, allaient de la salle à manger à la cuisine. Quand les trois amis de Vaudreuse se présentèrent, on n'aurait pu dire quel était celui des trois qui avait le plus de félicitations sur les lèvres en serrant la main de leur hôte, encore plus joyeux qu'eux tous.

— Nous avouons notre défaite! s'écria Stephen le premier. A toi la victoire!

— Et les mille louis, ajoutèrent Anatole et Léonard.

— Oui, et les mille louis, dit Stephen.

— Merci à tous les trois, répondit Vaudreuse en saluant Stephen, Anatole et Léonard.

— C'est bien de ta part, dit ce dernier, d'avoir hâté le terme de la gageure; nous nous mettrons plus tôt en route; après-demain nous roulerons.

— Ah! c'est après-demain? dit Vaudreuse.

— Trouverais-tu encore que c'est trop tard? Quel héros! Au surplus, continua Anatole, voici ton waterproof. Le déluge ne le pénétrerait pas.

— Je te suis fort reconnaissant, ami.

— Oui, ton ami, car tu es un fier homme de résolution. Messieurs, je puis le proclamer maintenant: Vaudreuse n'a pas voulu consentir ce matin à ce que je demeurasse auprès de lui, afin de l'entretenir dans ses excellentes dispositions de rupture, un peu ébranlées par l'inattendu de l'événement; il s'est bien conduit.

— Tu me flattes, Anatole.

— C'est la vérité; la vérité, comme il est vrai que nous avons gagné notre pari contre ceux qui avaient douté de ton énergie, Vaudreuse. Ainsi, tu ne nous fais perdre que dix-huit mille francs; six mille francs chacun; ne parlons plus de cela.

— Non, ne nous occupons plus que du voyage, dit Stephen. Prendrons-nous la mer à Marseille ou traverserons-nous la Suisse?

— La mer à Marseille, dit Anatole.

— Non, la Suisse.

— Non, la mer.

— Pourquoi donc la Suisse, Léonard?

— Parce que la dame qui est la cause de notre voyage, veut voir la Suisse.

— C'est différent, répliquèrent Stephen et Anatole; va pour la Suisse!

— A propos de dame, dit Léonard en pesant sur ses paroles, il me semble qu'il y a ici un couvert de plus.

— Tiens! c'est vrai, dit Anatole; est-ce que tu attendrais...

— Je ne l'attends pas; elle est ici, répondit Vaudreuse.

Et, au milieu de l'obscure surprise de ses amis, Vaudreuse alla au salon et en revint, tenant par la main Ambroisine, toute parée pour le souper.

— Messieurs, dit-il à Léonard, à Anatole et à Stephen, ébahis et muets d'étonnement, j'ai bien gagné mon pari.

Le moyen de se débarrasser d'une maîtresse, c'est d'en faire sa femme.

FIN.

Paris. — Typ. Walder, rue Bonaparte, 14.

DERNIERS PARUS

XAVIER DE MONTÉPIN. Le Mari de Marguerite .... 3 vol.
— Les Confessions de Tullia .... 1 vol.
— Le Bigame .... 2 vol.
— La Voyante .... 4 vol.
— La Femme de Paillasse .... 2 vol.
— Les Tragédies de Paris .... 4 vol.
— La Vicomtesse Germaine (suite des Tragéd. de Paris) 3 vol.
— Le Pendu .... 4 vol.
— La Sorcière blonde .... 2 vol.
PAUL DE KOCK.... La Mariée de Fontenay-aux-Roses .... 1 vol.
— Friquette .... 1 vol.
— Les Intrigants (Maison Perdaillon et Riche Cramoisan) 2 vol.
HENRY DE KOCK... Les Baisers maudits .... 1 vol.
— Le Démon de l'alcôve .... 1 vol.
ÉLIE BERTHET.... Les Drames du cloître .... 1 vol.
Vte DE BEAUMONT-VASSY. Mémoires secrets du XIXe siècle ..... 1 vol.
— Salons de Paris sous Louis-Philippe (12 grav.). 1 vol.
— Salons de Paris sous Napoléon III (10 grav.)... 1 vol.
CH. MONSELET. Chanvallon. Histoire d'un souffleur de la Comédie-Française. 1 vol.
BÉNEDICT HENRI REVOIL. La Saint-Hubert .... 1 vol.
FIRMIN MAILLARD. Les Derniers Bohêmes, Henri Murger et son temps. 1 vol.
WILLIAM COBB... Les Mystères de New-York .... 1 vol.
— Marien .... 1 vol.
H. DE LA MADELÈNE. Les Amours d'Asnières .... 1 vol.
LE DUC DE BRUNSWICK. Sa vie et ses mœurs .... 1 vol.
CH. DESLYS .... La Maison du bon Dieu .... 1 vol.
A. DE LASALLE.... Les treize salles de l'Opéra .... 1 vol.
MIE D'AGHONE..... L'Écluse des cadavres .... 1 vol.
ANGELO DE SORR. Ranalalalulu CXXXIV. (Interdit dans les gares.). 1 vol.
— Le Péché de Félicité. Id. 1 vol.
A. ARNAUD....... Une tendre Dévote. Id. 1 vol.
CARLE DES PERRIÈRES. Les Figures de cire. Id. 1 vol.
LÉOUZON LE DUC.. Les Odeurs de Berlin. Id. 1 vol.
FLÉVY D'URVILLE. Les Ordures de Paris. Id. 1 vol.
P. MAZEROLLE.... La Misère de Paris. Id. 1 vol.
PRINCESSE OLGA.. Effeuillons la Marguerite. Id. 1 vol.
Vte DE BEAUMONT-VASSY. Histoire intime du second Empire. Id. 1 vol.

SOUS PRESSE

Vte DE BEAUMONT-VASSY. Papiers curieux d'un Homme de cour. 1 vol.
CARLE DES PERRIÈRES. Rien ne va plus .... 1 vol.
CH. DESLYS .... Le Droit chemin .... 1 vol.
MIE D'AGHONE.... Chez Monsieur et chez Madame .... 1 vol.
PAUL SAUNIÈRE... La veuve Salpêtre .... 1 vol.
Gustave Paturot.. 1

PARIS. — IMP. WALDER, RUE DE L'ABBAYE, 22

www.ingramcontent.com/pod-product-compliance
Ingram Content Group UK Ltd.
Pitfield, Milton Keynes, MK11 3LW, UK
UKHW012159240726
13966UKWH00002B/454

9 782011 750167